HEILENDE HÄNDE - HEILENDE KLÄNGE
Energiemassage für Körper, Geist und Seele
Im Einklang mit der Natur

AF219414

Gleich zu Beginn dieses Büchleins möchte ich mich bei der Reiki-Meisterin Edelweiß Knabe recht herzlich für die hilfreiche Unterstützung, für die während des Schreibens geführten sinnvollen Diskussionen und des Einbringens ihres wertvollen und umfangreichen Wissens bedanken, die mir die notwendige Vorstellungskraft beim Schreiben dieses Buches verschaffte. Ohne Ihre tatkräftige Mitwirkung hätte ich mich nicht an das Thema Reiki und Klangschalen herangewagt. Sie hat einen großen Anteil bei den plausiblen Darlegungen in diesem Büchlein.

ERNST-ULRICH HAHMANN

Heilende Hände - Heilende Klänge
Energiemassage für Körper, Geist und Seele

Im Einklang mit der Natur

*Bibliografische Information der Deutschen National-
bibliothek.*
Die Deutsche Nationalbibliothek verzeichnet diese Publi-
kation in der Deutschen Nationalbibliografie, detaillierte
bibliografische Daten sind im Internet über
http://bnd,ddb.de abrufbar.

Umschlagentwurf und Layout: Ernst-Ulrich Hahmann

2022 Hahmann
Herstellung und Verlag:
BoD - Books on Demand, Norderstedt

Printed in Germany

ISBN 9783755712367

10,99 Euro

Inhalt

*Verfallen wir nicht in den Fehler, bei jedem
Andersmeinenden entweder an seinem Verstand
oder an seinem guten Willen zu zweifeln.*

Sinnspruch: Otto von Bismarck

Vorwort

Zwei in einem - Reiki und Klangschalen? Lässt sich das
überhaupt vereinbaren? Zwei Entspannungsmethoden auf
einmal? Gibt es Gemeinsamkeiten? Wo liegen hier die Gemeinsamkeiten? Gibt es mehr Gemeinsamkeiten, von denen
wir noch nicht einmal etwas ahnen?

Fragen über Fragen, die mich bei der Vorbereitung und
beim Schreiben dieses Buches immer wieder beschäftigten.
Oft waren ich bei meinen Diskussionen mit einer Reiki-
Meisterin gegenteiliger Meinung und wir fanden dann doch
immer einen gemeinsamen Nenner.

Es war ein Brainstorming der Fantasie.

Seit Jahrtausenden wird auf der ganzen Welt mit Hand
auflegen, Klang, Farbe und Licht die Heilung des Menschen
unterstützt.

Energie ist immer und überall vorhanden. So ist auch
die Lebensenergie, eine Energie, die uns Menschen, seit
mindestens 7.000 Jahren bekannt ist. Sie ist in uns und um
uns herum. Sie ist überall und so natürlich, dass sie von uns
kaum bemerkt wird. Sie ist weit mehr als reine Lebenskraft.
Sie ist Bewusstsein in seiner energetischen Form, die Gestaltungskraft der Natur und die Information des Seins.

Da die gesamte Schöpfung Ausdruck der Energie ist,
gibt es nichts, was nicht in Resonanz mit Bildern und

Klängen treten könnte. Mantren und Symbole wirken somit nicht nur auf Menschen und Tiere, sondern auch auf Gegenstände und Räume.

So wie es keinen seelenfreien Körper gibt, gibt es auch keinen seelenfreien Raum. Alles, was ist, ist Energie unterschiedlicher Schwingungsfrequenzen.

Der Mensch steht als Mikrokosmos auf der Erde und ist mit einer höheren Ebene dem Makrokosmos verbunden.

Unter Makrokosmos ist das Universum zu verstehen.

Wir haben es hier mit zwei scheinbar gegensätzlichen Energien zu tun, die sich jedoch im wichtigsten Punkt des menschlichen Körpers begegnen und verschmelzen. Sie schwingen im Gleichklang: *Im Zentrum des Herzens.*

Die Verbindung zwischen beiden entsteht durch Energiebahnen die sich im menschlichen Körper befinden. Kann diese Energie in ihren Bahnen ungehindert fließen, fühlen wir uns frisch und aktiv. Sichtbar für den einen, unsichtbar für den anderen, wirkt und fließt sie in allem und jedem. Trifft die Energie, die bei ihrem Fluss durch die Bahnen oder auch Kanäle, auf Hindernisse, auf sogenannte Blockaden, so ist der ungehinderte Fluss nicht mehr möglich. Eine gravierende Störung schwächt die Vitalkraft, führt zu Krankheit und kann zum Tode führen.

Um das Gesagte noch einmal zu verdeutlichen, wir sind alle mit dieser *universellen Lebenskraft* geboren, doch im Laufe unseres Lebens verschmutzen und verstopfen Energiekanäle.

Körper, Geist und Seele sind die drei Säulen des Menschen, die gleichermaßen wichtig sind für ein gesundes Leben. Gerät ein Bereich aus dem Gleichgewicht zeigt sich Disharmonien im Körper.

Oft sind das auftretende Blockaden.

So bedeuten Erschöpfungen immer eine längere vorausgegangene Blockade in den Energiebahnen.

Ursachen für diesen Energiestau können körperliche oder aber auch geistige Blockaden sein.

Lebensenergie ist die unerklärliche Kraft, die es gibt, die beschützt und das Leben erhält. Das bedeutet, in den Energiebahnen fließt eine, bisher nicht messbare, doch alles durchdringende und wahrnehmbare Lebensenergie. Es ist die dynamische Antriebskraft für alle physiologischen Funktionen und Lebensvorgänge im Menschen.

Sanft und harmonisch soll sie in uns zirkulieren.

Energie ist die Ursubstanz allen Lebens. Sie fließt durch alles Lebendige, und wie wir durch die Relativitätstheorie wissen, unterliegt auch die sogenannte unbelebte Natur Bewegungen und Schwingungen.

Was die Energie des Lebens ganz genau ist, werden wir vielleicht nie vollständig begreifen können, weil das Leben größer ist als wir.

Diese Energie benutzt und beeinflusst die zwei Entspannungsmethoden, die diesem Buch dem Titel geben.

So kann die Energiearbeit (Reiki) in Verbindung mit Klangmassage noch harmonisierender bzw. intensiver empfunden werden. Das Einzigartige liegt in der Verbindung dieser beiden tiefwirkenden Methoden - Reiki und Klangschalenanwendung. Eine Kombination, die Entspannung und Loslassen mit der universellen Energie, dem Klang und der Schwingungen noch intensiver erleben lässt.

Das individuelle Energiefeld des Menschen wird positiv beeinflusst, der energetische Fluss im Körper wird harmonisiert. Vorliegende Blockaden werden aufgedeckt, um diese dann auf den entsprechenden Ebenen zu lösen, sowie den Körper in seinem Heilungsprozess zu unterstützen. Ein größerer Raum zu seelischen Entfaltungen entsteht, die die körpereigenen Selbstheilungskräfte aktiviert. Dies wirkt sich positiv auf die selbstbestimmte Lebensgestaltung und Wahrnehmung der eigenen Person aus.

Man spürt den Fluss der Reiki-Energie, lauscht den heilsamen Klängen der Klangschalen und nimmt dabei die feinen Klangvibrationen im ganzen Körper war.

Es geht nicht darum die *„negativ"* gefühlten Symptome oder Gefühle zu bekämpfen, sondern das *„Positive"* in uns wieder herzustellen und zu stärken, in dem Blockaden sanft gelöst werden, der Energiehaushalt wieder ausgeglichen wird und die Energien wieder fließen können.

Fazit ist es, dass der ganzheitliche Energiefluss, der durch Reiki dem Körper zugeführt wird, durch die Vibrationen der Klangschalen eine Harmonisierung des Körpers, des Geistes und der Seele erfährt. Wie bei allem, was wir tun, ist die Frage: Wie gehe ich damit um?

Hier geht es um das Gleichgewicht und Harmonie auf allen Ebenen, um den Einklang mit dem Rhythmus der Natur.

Auf der einen Seite Reiki, das die Energie des Lichtes darstellt und auf der anderen Seite die Klangschalen, als Instrument, deren Schwingungen uns in den sogenannten *„Klang des Universums"* einhüllen.

Spüre den Fluss der Reiki-Energie, lausche den heilsamen Klängen der Klangsschalen und nimm dabei die feinen Klangvibrationen in deinem ganzen Körper wahr.

Wage die Reise, die die Sinne belebt, die innere Ruhe zurückbringt, das Wohlbefinden steigert und auf das Unterbewusstsein einwirkt, um dort die Selbstheilungskräfte freizusetzen.

Das Geheimnis der Veränderung!
Fokussiere all deine Energie nicht auf das Bekämpfen des Alten, sondern auf das Erschaffen des Neuen!

Sokrates

1. Reiki - Heilende Hände

„Einfach mal die Seele baumeln oder sich fallen lassen, dann ist Reiki, die Energiemassage genau das Richtige."

Reiki ist eine sanfte, entspannende Heilmethode (eine Energiemassage) für jeden, die einer sehr alten japanischen Heilkunst entspringt.

Das Wort Reiki (sprich: *Reekie*) besteht aus den Silben *Rei* und *ki*. Übersetzt aus dem Japanischen steht das Wort *Rei* für *universal* und das Wort *ki* für *Lebenskraft oder Lebensenergie* also besagt das Wort Reiki letztendlich *universelle Lebenskraft bzw. Lebensenergie*. Dabei bedeutet

Universell überall befindlich und allgemein zugänglich. Gemeint ist hiermit jene Urkraft, durch die die Schöpfung selbst erst ermöglicht wurde und die fortan in allen Dingen wirkt und lebt.

Wie wir bereits wissen bedeutet *Rei* so viel wie universelle, kosmische Energie und das *Ki* fließt durch alles, was lebt.

Dies trifft auch auf unsere eigene individuelle Lebensenergie zu. Sie ist eine universelle Größe und wird in fast allen Religionen und Kulturen erwähnt. *Ki* kennen die Christen als das Licht, die Chinesen als *Chi*, die Hindus als *Prana* und die Kahunas als *Mana.* Aber auch moderne Begriffe wie *Bioplasma* oder *Bioenergie* bezeichnen das Gleiche.

Ob Prana, Chi, Ki, Licht oder Fotosynthese (Biologie) überall finden wir die Vorstellung von *Lebensenergie*.

Lebensenergie ist die unerklärliche Kraft, die es gibt, die beschützt und das Leben erhält. Das bedeutet, in den Energiebahnen fließt eine, bisher nicht messbare, doch alles durchdringende und wahrnehmbare Lebensenergie. Es ist die dynamische Antriebskraft für alle physiologischen Funktionen und Lebensvorgänge im Menschen.

Andere Bezeichnungen für Reiki sind z. B. *Göttliche Energie* oder *Göttliche Kraft.* Für den Einen ist diese Energie göttlich, für den Anderen kosmisch. Alle Bezeichnungen führen zu einem: *zur Energie des Lebens*.

Reiki ist also eine Energie, die aus dem Universum kommt, die sich vom Sternengewölbe aus in Richtung Erde bewegt. Eine Energie, die den Reiki-Praktizierenden durchströmt, also auch bei der Durchführung einer Reiki-Behandlung. Sie erdet uns, lässt uns feste Wurzeln schlagen und auf diese Weise intensiv mit Mutter Erde in Kontakt treten.

Geerdet sein ist unerlässlich, wenn wir etwas Konkretes im Leben erreichen wollen und, wenn wir auf materieller Ebene all das realisieren möchten, was wir zum Leben brauchen. Ohne Wurzeln gibt es keinen Baum, keine Äste und keine Blätter und es können demzufolge auch keine Früchte wachsen. Indem uns Reiki-Energie hilft, uns tief mit der Erde zu verwurzeln, ermöglicht sie es uns auch, uns wachsen zu lassen und am Ende die Früchte unseres Baumes zu ernten.

Jedes Lebewesen hat *Reiki*, denn ohne Energie gibt es kein Leben. Und bei den Lebewesen ist nicht nur der Mensch gemeint, sondern auch die Tiere und Pflanzen haben diese bestimmte Lebensenergie.

Aber nicht jeder Mensch ist im Normalfall in der Lage, *Reiki* für sich selbst als Heilkraft zu nutzen. Dafür gibt es das *Reiki-System* nach Dr. Usui. Diese aus Japan stammende Heilkunst dient dem Aktivieren der Selbstheilungskräfte. Die natürliche Heilkraft fließt dabei durch die Hände des Reiki-Praktizierenden. Die Energieblockaden können durch das Auflegen der Hände gelöst werden.

Klingt für den einen oder anderem am Anfang recht lustig.

Ich muss zugeben, der Autor dieses Buches habe das Selbst erlebt.

Ich wurde eines Besseren belehrt, man spürt diese Energie wirklich.

Reiki ist mehr als *nur* Handauflegen. Es ist ein Weg, ein Prozess des Erwachens, des Erkennens. Es ist weder eine Religion noch ein Kult. *Reiki* hat nichts mit Glauben zu tun, nur mit Erfahrung. Es ist eine natürliche Heilmethode, die durch die universelle Lebensenergie, die Selbstheilungskräfte des Körpers zu aktivieren hilft. Es dreht sich dabei um das eigene Zentrum, die eigene Energiequelle, den Kern des Selbst.

Im Osten ist die Vorstellung des Wirkens der Lebensenergie auch in den Wissenschaften stark verankert. So ist z. B. die *Akupunktur* darauf ausgerichtet, den Fluss einer für uns unsichtbaren Energie durch gezielte Nadelstiche zu aktivieren und zu balancieren.

Im *Tai-Chi* wird die Energie durch Bewegungsabläufe gezielt geweckt und zum Ausdruck gebracht. Auch *Yoga* widmet sich u. a. der Aktivierung und Stärkung der eigenen Lebensenergie.

Im Westen ist die Vorstellung, dass handfeste Materie letztendlich aus Energie besteht, noch relativ neu. Die erst Anfang dieses Jahrhunderts aufgekommene Quantenphysik besagt, dass alle Materie aus Atomen besteht, die ihrerseits aus unsichtbaren Energie-Einheiten bestehen (die Quarks).

Reiki ist eine sehr alte Heilkunst, deren Ursprung unbekannt ist. Fünfzehntausend Jahre alte Höhlenzeichnungen zeigen bereits Fragmente dieser Technik. Lange Zeit in Vergessenheit geraten findet man Hinweise über die Tradition des *Reikis* in dem 2.500 Jahre alten Sanskrit-Sutras.

In der Bibel, in den Evangelien finden sich Hinweise über Heilung durch das Auflegen der Hände. Kranke, Blinde und Lahme wurden von Jesus geheilt.

In den Schriften Buddhas, der Medizin-Buddha-Praxis, wird die Buddha Hand beschrieben.

An dieser Stelle möchte ich noch einmal ausdrücklich hervorheben, das *Reiki* in keiner Weise mit diversen Sekten oder deren Praktiken verknüpft ist.

Energie ist die Ursubstanz allen Lebens. Sie fließt durch alles Lebendige, und wie wir durch die Relativitätstheorie wissen, unterliegt auch die sogenannte unbelebte Natur Bewegungen und Schwingungen.

Was die Energie des Lebens ganz genau ist, werden wir vielleicht nie vollständig begreifen können, weil das Leben größer ist als wir.

Man muss nicht an *Reiki* glauben, damit es funktioniert.

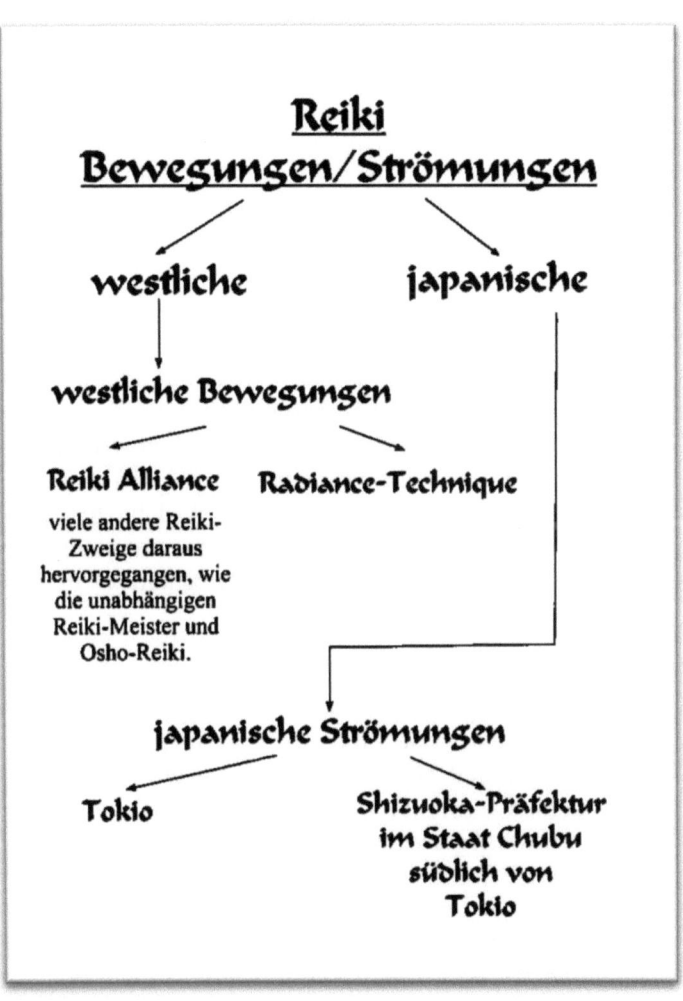

Reiki
Bewegungen/Strömungen

westliche   japanische

westliche Bewegungen

Reiki Alliance   **Radiance-Technique**

viele andere Reiki-
Zweige daraus
hervorgegangen, wie
die unabhängigen
Reiki-Meister und
Osho-Reiki.

japanische Strömungen

Tokio   Shizuoka-Präfektur
im Staat Chubu
südlich von
Tokio

Quelle: Frank Arjava Petter „Das Reiki-Feuer", Wildpferd Taschenbuch, Wildpferd Verlagsgesellschaft mbH, 1967.

Viele Leute betrachten Dinge wie *Reiki, Homöopathie, Akupunktur, Meditation* und anderes als Humbug und sicherlich gibt es viele Möchtegernheiler und Esoteriker Freaks, die das Ansehen solcher Lehren runterziehen. Aber warum sollte die Konzentration auf die eigene vorhandene Energie und Selbstheilungskräfte nicht wirksamer sein, als das Schlucken von zu Pillen gepressten Chemikalien.

Mit Sicherheit wird ein körperliches oder seelisches Problem durch das Schlucken eines Medikamentes vorerst gelindert, jedoch nicht beseitigt.

Aspirin, Medizin deines Lebens?

Nein, danke!

Man bekommt einen ganz anderen Blickwinkel für die Dinge, wenn man erst einmal selbst meditiert oder die Wirkung einer Naturheilmethode gespürt hat.

Reiki hat in Deutschland einen ähnlichen Weg hinter sich wie zum Beispiel die *Akupunktur*.

Erst wurde die Akupunktur belächelt, dann bekämpft und seit Anfang des Jahres 2004 offiziell anerkannt. Ein langer harter Weg für etwas, das so selbstverständlich in allen von uns vorhanden ist.

Suche keine Erklärungen, denn erklären, tut das Gehirn, der Kopf, der Denker. Wobei der Denker als Werkzeug sehr gut ist, aber als Lebensbestimmer absolut ungeeignet. Lass dein Leben durch dein Herz von deiner Seele bestimmen. Folge deinen Gefühlen und sei zwischendurch ganz still, damit auch die Gefühle zur Ruhe kommen können, und dann lass deiner Seele einen Impuls in dein Herz pflanzen. Das ist das ganze Geheimnis. Dann gibt es immer die richtigen Gefühle und dazu das richtige Denken, denn dann wird das Denken vom Herzen angeleitet. Du kannst all deine Handlungen auf der Basis deiner Seele beruhend über deine Gefühle durch dein Herz steuern.

Harald Riedel, April 2011

Allein der Gedanke, offen zu sein für den eigenen Körper in sich hinein zu horchen und *wirklich* für sich selbst etwas Gutes tun zu *wollen* setzt die Selbstheilungskräfte in Gang. Machen sie sich sensibel für ihren eigenen Körper, hören sie lange und tief hinein. *Es lohnt sich!*

1.1. Legende und Geschichte

Der japanische, christliche Mönch und Gelehrte Usui, der Begründer von Reiki, lebte und wirkte Ende des 19. Jahrhunderts als Leiter und Priester an einer kleinen Universität in Kyoto, Japan.

Die Überlieferung des Reikis erfolgte für lange Zeit in mündlicher Form vom Lehrer an den Schüler. Dies brachte es mit sich, dass sich um die uralte Geschichte dieser heilenden Kraft zahlreiche Legenden ranken. Wie im vorhergehenden Kapitel erwähnt, zeigen fünfzehntausend Jahre alte Höhlenmalereien bereits Fragmente dieser Technik. Wie so vieles geriet auch diese, bei der weiteren Entwicklung des Individuums Mensch für lange Zeit in Vergessenheit.

Daraus ergibt sich die Situation, dass, obwohl das Usui-System des Reikis gegen Ende des 19ten Jahrhunderts wiederentdeckt wurde, die Anfänge dieser Heilmethode in der Zeit der Vergangenheit verschwand. Was wir jedoch wissen ist, in welcher Weise Reiki weltweit Verbreitung fand und welche Formen es mit der Zeit angenommen hat.

Auf welchen religiösen oder philosophischen Einfluss Usuis System direkt zurückgeführt werden kann, ist ungeklärt. Es existieren nur wenige unabhängige Dokumente über die ursprünglichen Fassungen der Lehre. Es gibt jedoch oberflächliche Ähnlichkeiten zum chinesischen

Daoismus und zu buddhistischen Philosophen bei Form und Namen der Reiki Symbole.

Die Reiki Lehre beinhaltet jedoch keine zentralen buddhistischen Lehren.

Die Geschichte berichtet über eine Gegebenheit, die Usui anlässlich eines sonntäglichen Gottesdienstes hatte. Er wurde von einem Studenten gefragt: „Nehmen sie den Inhalt der Bibel wörtlich?"

Er beantwortete diese Frage mit: „Ja!"

Ein anderer Student mischte sich in das Gespräch ein und wollte wissen: „Und die Heilkunst von Buddha?"

Usui antwortete ebenfalls mit: „Ja!"

Damit waren die Studenten jedoch nicht zufrieden und sie fragten weiter: „In der Bibel wird davon berichtet, dass Jesus die Kranken gesund machte, dass er heilte, dass er über Wasser ging."

„Das stimmt!"

„Haben Sie jemals erlebt, dass so etwas geschehen ist?"

„Nein", antwortete Usui, „so etwas habe ich noch nicht gesehen."

„Und Sie glauben, dennoch daran?"

„Ja, ich glaube an die Worte in der Bibel!"

Ein anderer Student fuhr fort: „Dieser blinde Glaube mag Ihnen genügen, wir jedoch möchten gerne diese Dinge mit eigenen Augen sehen."

Lange dachte Usui, über das Gesagte nach, denn die Worte der Studenten ließen, ihn einfach nicht mehr in Ruhe. Er fand keine Antwort auf die Fragen und entdeckte somit seine eigenen Schwächen.

„Irgendwie muss ich die Antwort finden! Aber wie?" stellte er sich immer wieder die Frage. Ihn ließ die aufgeworfene Problematik nicht mehr los.

Nachdem damals in Japan geltendem Recht musste ein Lehrer, der auf eine Frage keine Antwort fand, die Lösung dafür herausfinden. So legte Usui vorläufig sein Lehramt nieder, um auf die Suche nach einer plausiblen Erklärung zu gehen. Er ließ sich von dem Abt beurlauben und verließ bereits am nächsten Tag die Universität in Kyoto und reiste in die Vereinigten Staaten. Hier nahm er ein Studium an der Universität in Chicago auf. Er studierte die christlichen Schriften und erwarb den Doktorgrad in alten Sprachen.

Stets war er dabei auf der Suche nach einer Antwort. Usui versuchte während seines Studiums beharrlich das Geheimnis der Heilung durch Jesus Christus und seinen Jüngern zu ergründen. Er entdeckte Aufzeichnungen über die Heilungen, jedoch nicht, wie sie ausgeführt wurden. So blieb es leider bei dem Versuch. Er fand nicht, wonach er suchte.

Bei seinen weiteren Nachforschungen stieß er auf Hinweise, dass auch Buddha die Kraft des Heilens besitzen sollte. Dies veranlasste ihn, nach Japan zurückzukehren, um in den buddhistischen Lehren weiterzusuchen. Bei seinen Ermittlungen nach einer Antwort bereiste er in seinem Heimatland zahlreiche Klöster und traf schließlich in einem alten Zen-Kloster einen bejahrten Abt. Während einer Unterhaltung mit diesem Mönch stellte es sich heraus, dass dieser auch an dem Thema Heilung interessiert war.

Sofort stand Usuis Entschluss fest. Er blieb in dem Kloster und begann in den alten buddhistischen Schriften, den Sutras, nach dem Schlüssel des Heilens zu suchen. Zuerst studierte er die japanischen Übersetzungen. Nachdem er auch dort nicht hinter das Geheimnis kam, lernte er Chinesisch, fand jedoch auch in den chinesischen Übersetzungen keine Hinweise.

Usui gab nicht auf und lernte die alte Sprache Sanskrit, in der die ursprünglichen buddhistischen Schriften geschrieben sind.

Sanskrit ist eine mehr als 5.000 Jahre alte indische Sprache.

In einer handgeschriebenen Schriftrolle eines Jüngers Buddhas wurde er nach über sieben Jahren des Durchstöberns der Abhandlungen und Dokumenten der Alten fündig. Er fand die Symbole und die Beschreibung, wie Buddha heilte. So eignete er sich ein umfangreiches theoretisches Wissen auf diesem Gebiet an. Nur konnte er mit diesem theoretischen Wissen nichts anfangen, denn er war nicht in der Lage es zu deuten. Es fehlte ihm die Kraft, dieses Wissen anzuwenden.

„Was soll ich mit all meinen Kenntnissen anfangen, wenn ich nicht in der Lage bin, diese anzuwenden?", teilte er sich eines Tages dem alten Abt mit.

Dieser schaute Usui verständnisvoll an und schlug ihm nach kurzem Zögern vor: „Geh auf den nahe gelegenen Berg und meditiere dort. Aber im gleichen Atemzug muss ich dich davor warnen, dass dies für dich auch lebensgefährlich sein kann."

„Wenn ich das nicht mache, werde ich nie an mein Ziel kommen!"

„Ich wollte dich nur warnen, mit welchem Risiko das Meditieren auf dem Berg verbunden sein kann."

„Egal was geschieht, ich muss es wenigstens versuchen!"

So begab sich 1922 der christliche Mönch Usui auf den Berg Kurama nördlich von Kyoto. Auf steilen Pfaden lief er im Schweiße seines Angesichts zum Gipfel hinauf. Auf der Höhe angekommen ließ sich Usui nieder und legte 21 kleine Steine vor sich auf die Erde. Sie sollten ihm als Kalender dienen, denn er wollte für jeden Tag, den er hier oben zubrachte, einen Stein entfernen.

Tag für Tag, ob es regnete oder die Sonne schien, stürmte oder der Nebel den Berggipfel verhüllte las er in den Sutras, sang und meditierte.

Die Sonne ging auf, die Sonne ging unter, die Kühle der Nacht brach herein und wieder begann ein neuer Tag.

Vergeblich wartete Usui, das etwas geschah.

Es geschah nichts was etwas ungewöhnlich hätte sein können.

So verstrich die Zeit.

Dann brach die letzte Nacht an, die er auf dem Berg verbringen würde, die Nacht zum 21. Tag.

Die Sonne versank am Horizont. Der Erdschatten wurde am Himmel breiter und breiter, bis nur noch die Sterne am nächtlichen Firmament funkelten.

Die Nachtkühle drang durch die Kleidung bis auf die Haut Usuis.

Weit nach Mitternacht, kurz vor dem Heraufdämmern des Morgengrauens, beendete Usui seine Meditation und in seiner Enttäuschung betete er nochmals innig: „Vater, bitte zeig mir das Licht!"

Plötzlich tauchte am nachtdunklen Sternenhimmel ein helles Licht auf, das sich sehr schnell auf den Berg zu bewegte.

Was ist das? Schoss es durch Usuis Kopf.

War das etwa eine Sternschnuppe oder gar ein Komet?

Usui konnte es sich nicht erklären.

Das Licht wurde größer und größer.

Fasziniert schaute Usui zu der leuchtenden Himmelserscheinung empor, die sich mit rasender Geschwindigkeit näherte.

Wie erstarrt stand Usui da, als ihn der Lichtstrahl mitten auf die Stirn, genau an der Stelle, wo sich das *dritte Auge* befand, traf. Das unheimliche helle, klare Licht drang in sein Bewusstsein ein.

Das dritte Auge (Stirn-Chakra) ist das Auge des Vaters, des Schöpfers. Es steht für den Willen und die Absicht, oder wie es die Hindus nennen, für „*Atma*". Es ist eine Art „*Verteilerstelle*" und strahlt die verschmolzene Astral- und Mentalenergie als Seelenenergie aus. Verbunden ist das dritte Auge mit der Zirbeldrüse.

Von der Wucht des Aufpralls wurde Usui zu Boden geworfen, verlor das normale Tagesbewusstsein und fiel in einen tranceähnlichen Zustand.

Regenbogenfarbige Bläschen, blau, türkise, lavendelfarben und rosa geisterten durch diese Stufe eines höheren Bewusstseins. Wie auf einer Leinwand erschienen Symbole in goldener Schrift, die er zuvor in den Sanskrit-Sutras gesehen hatte. Sie brannten sich fest in sein Gedächtnis ein.

Sein Unterbewusstsein hatte in diesem Moment den Schlüssel zu den Heilungen von Buddha und Jesus gefunden.

Wie es sich später herausstellen sollte, war durch dieses erleuchtende Erlebnis die Geburt des Usui Systems von Reiki, dem Usui Shiki Ryoho, das Usui System der natürlichen Heilung markiert worden.

Als Usui wieder die Augen aufschlug, stand die Sonne schon hoch am Himmel. Für den ersten Moment wusste er nicht, was mit ihm geschehen war. In seinen Erinnerungen, die dann langsam wieder heraufdämmerten, tauchte immer wieder der helle Lichtstrahl, ein greller Blitz oder war es eine leuchtende Kugel auf, die ihn mitten auf der Stirn getroffen hatte.

Als sich Usui mühsam erheben wollte, stellt er erstaunt fest, dass er voller Kraft war und die Erschöpfung und der nagende Hunger der vergangenen Tage von ihm abgefallen waren.

Usui machte sich eilig auf den Weg und begann von dem heiligen Berge herabzusteigen. Er stolperte über Geröll, rutschte auf schlammigen Pfaden aus, schritt dann wieder durch tiefes grünes Gras und lief durch, von Wasser ausgewaschene Hohlwege zügig voran.

Die Geräusche der Natur begleiteten ihn dabei. Es war die Stimme des säuselnden Windes, das Rauschen im Blätterdach der Bäume, das Zirpen der Grillen und das Fiepen wieselflinker Mäuse im Gesträuch.

Bild 1: Dr. Sensei Mikaomi Usui (1865-1926), Begründer des Reikis.

Plötzlich geriet Usui auf dem steinigen Pfad ins Stolpern und stieß dabei mit seinem großen Zeh an einen kantigen Felsbrocken, der im Wege lag.

Sein Zeh begann sofort zu bluten.

„Verflucht, das tut aber weh!" schimpfend setzte er sich auf einen am Wegesrand liegenden großen Stein und presste aus einer Reflexhandlung heraus seine Hand auf die blutende Stelle am Fuß.

Überrascht stellte er fest, dass die Blutung zum Stillstand kam und die Schmerzen nach geraumer Zeit verschwanden.

Er stand auf und setzte nichts weiter sich dabei denkend seinen Weg fort. Als er an einer Herberge vorbei kam, stand bereits die Sonne hoch am Himmel und schickte ihre wärmenden Strahlen auf die Erde herab.

Usui entschloss sich, hier eine Rast einzulegen.

Die Tür des Gasthauses stand offen.

Usui betrat einen im Halbdunkel liegenden Raum und ließ sich am nächsten Tisch nieder.

„Hallo Herr Wirt!", rief er lautstark, denn das Knurren, das sein Magen von sich gab, machte ihn deutlich darauf aufmerksam, dass eine 21-tägige Fastenzeit hinter ihm lag.

Ein alter, etwas liederlich angezogener Mann eilte sofort herbei und wollte dienstbeflissen wissen: „Was begehrt der Herr?"

„Wirt, ich brauche ein kräftiges Mahl, mir ist schon ganz schlecht vor Hunger!"

„Sie sehen aber gar nicht so verhungert aus", bemerkte der Wirt und schaute den Mönch verschmitzt mit seinen listigen Augen an.

„Rede er nicht so viel. Ich brauche sofort was zum Essen, habe schließlich 21 Tage gefastet."

„Kein Wunder, das ihnen da der Magen knurrt. Aber ich bereite Ihnen lieber ein kleines Mahl, dann haben sie auch keine Beschwerden. Ich weiß nicht nach 21 Tagen …?"

„Nichts da Wirt ich möchte ein üppiges Mahl und außerdem sind es meine Beschwerden!"

Mit den Schultern zuckend und vor sich hinmurmelnd: „Ist ja nicht mein Magen", zog der Wirt von dannen, um den Wunsch des Gastes zu erfüllen.

Während des Wartens auf das Essen betrat ein kleines Mädchen mit verweintem Gesicht und einer dicken roten Wange den Gastraum.

Es war die Enkeltochter des Wirtes.

Usui schaute zu ihr hin und stellte der Kleinen besorgt die Frage: „Was fehlt dir, du arme?"

„Ich habe fürchterliche Zahnschmerzen", antwortete dieses, immer wieder schluchzend. „Das tut so fürchterlich weh!"

Tränen liefen ihr über die Wangen.

„Wollen mal sehen, ob wir da helfen können?"

„Wie wollen sie denn helfen?", wimmerte die Kleine.

„Komm her und lass mich dein Gesicht berühren."

Nach kurzem Zögern trat das Mädchen auf Usui zu und sagte mit ungläubigem Unterton in der Stimme: „Und das soll wirklich helfen?"

Mit den Worten: „Wir können es ja auf einen Versuch ankommen lassen" umfasste er mit seinen Händen die beiden Wangen. Bereits wenige Minuten später ließen die Schmerzen nach und die Schwellung ging zurück.

Die Miene des Mädchens hellte sich auf, der Schmerz verschwand aus ihren Augen, die Tränen versiegten und es sagte sehr überrascht: „Sie sind kein gewöhnlicher Mönch!" Nicht weiter auf den Mönch achtend lief sie laut rufend aus dem Raum: „Opa, Opa meine Zahnschmerzen sind verschwunden. Der Mann hat mir geholfen!"

Der Wirt war hoch erfreut über dieses Wunder, ließ alle Bedenken ob der Fastenzeit fallen und lud Usui zu einem üppigen Mahl ein.

Oh welch ein Unding. Usui hatte nicht die geringsten Beschwerden, obwohl er sich seinen Magen bis zum Rand vollschlug.

„Was bin ich Ihnen schuldig?"

„Da sie meiner Enkeltochter geholfen haben, ist das genug Bezahlung für mich. Sie schulden mir nichts mehr!"

Usui verabschiedete sich und verließ die gastliche Stätte.

„Nochmals vielen Dank!", rief der Wirt hinterher.

In der kurzen Zeit, seit er den Berg verließ, waren bereits drei Wunder eingetreten:

* Sein Zeh hatte aufgehört zu bluten.
* Nach dem üppigen Mahl, obwohl er vorher 21 Tage gefastet hatte, traten keinerlei Beschwerden auf.
* Durch bloßes Handauflegen linderte er die Zahnschmerzen des kleinen Mädchens.

In dem Bewusstsein, dass er die Gabe des Heilens besaß, setzte Usui seinen Weg fort, um ins Kloster zurückzukehren. Kaum war er hier eingetroffen, erreichte ihn die Nachricht, dass der Abt mit einem Arthritis-Anfall im Bett liege.

Nach dem Usui sich erfrischt hatte, eilte er sofort zu dem Abt und legte dem Freund seine heilenden Hände auf. Auch hier trat eine Linderung der Schmerzen ein.

Wochen vergingen im Kloster und während dieser Zeit schilderte Usui dem Abt seine Erkenntnisse. Dann hielt er es hier nicht mehr länger aus, denn er wollte etwas Gutes tun. So ging er in die Bettlerviertel von Kyoto, um dort die Kranken zu heilen.

Es lebten hier die Ärmsten, der Armen.

Sieben Tage lang behandelte er zahlreiche Menschen, konnte vielen helfen und sie von ihrem Leiden heilen.

Aber wie wurde ihm das gelohnt?

Dieses sollte er erfahren, als er viele Tage später einmal wieder in die Bettlerviertel von Kyoto zurückkehrte. Er traf viele bekannte Gesichter, musste jedoch feststellen, dass die Menschen die er hier behandelte, an ihrem Leben nichts geändert hatten.

Wieso?

Was war geschehen?

Das konnte nicht sein?

Die armen Menschen befanden sich in dem gleichen jämmerlichen Zustand wie vor der Heilung, als er ihnen zum ersten Mal geholfen hatte.

Usui war erschüttert und stellte sich augenblicklich die Frage: „Wie konnte das Geschehen?"

Um der Sache auf den Grund zu gehen, stellte er Nachforschungen an und unterhielt sich mit den Betroffenen. Auf seine Nachfrage: „Warum seit ihr immer noch hier und wieso habt ihr nichts in eurem Leben verändert?"

„Es ist einfacher so weiter zu leben wie bisher, deshalb gefällt uns das Leben, wie es ist. Warum sollten wir da etwas ändern?" erhielt er stets die Antwort.

„Das kann doch nicht wahr sein?!"

„Doch! Arbeiten ist für uns zu mühsam, deswegen gehen wir lieber betteln."

Das war nun die Dankbarkeit dieser Menschen gegenüber dem Leben.

Usui erkannte, dass er zwar den physischen Körper von den Krankheitssymptomen geheilt, jedoch keine neue Lebensweise vermittelt hatte. Dr. Usui weinte sehr, denn er hatte vergessen, die Dankbarkeit zu ehren, denn nur, wer etwas von seiner Energie gibt, weiß den Wert der empfangenden Energie zu schätzen. Dies veranlasste ihn, seine Regeln für die ganzheitliche Heilung zu erstellen. Des Weiteren entschied er sich dafür, nur noch jenen Menschen zu helfen, die ihn ausdrücklich um seine Hilfe baten und das Geschenk der Heilung achteten.

Usui verließ die Bettlerviertel und begann zu unterrichten. Er lehrte die Menschen neben der Heilung durch Reiki auch die Lebensregeln, damit auch die Denkweise geheilt würde. Dabei richtete er sich nach der Devise:

zuerst heile den Körper, dann heile den Geist.

Die Erzählung der Legende endet hier normalerweise mit der Aufzählung der Lebensregeln.

Usui begann in seinem weiteren Leben Reiki in der Anwendung zu beobachten und zu unterrichten. Die Technik, die er anwandte, heißt *Usui Reiki Ryoho* (Usui Reiki Heilmethode) oder *Shin Kaiyen Usui Reiki Ryoho* (Usui Reiki Heilmethode zur Verbesserung von Körper und Geist).

Seitdem wird Reiki vom Lehrer zum Schüler durch Einweihung weiter gegeben. Mikao Usui weihte u. a. Dr. Chujiro Hayashi, einen pensionierten Marineoffizier ein.

Hayashi wurde zum engsten Mitarbeiter Usuis. Als Usuis Leben sich dem Ende neigte, ernannte er Hayashi zum Meister des Reikis und vertraute ihm den Inhalt seiner Lehren an, um sie zu bewahren und zu hüten.

Dr. Hayashi gründete eine Reiki-Heilungs-Klinik in Tokyo. Dort wurde mit Reiki behandelt, und man konnte dort auch die Anwendung von Reiki lernen. Aus den Unterlagen, die Hayashi hinterließ, ging hervor, das Reiki die Ursachen der physischen Symptome findet, mit der benötigten Schwingung ausgleicht beziehungsweise Energie auffüllt, sodass Gesundheit wieder hergestellt wird.

Dr. Chujiro Hayashi weihte ca. 15 Meister ein.

Ein schriftlicher Beweis über das Gesagte kann nicht geführt werden, denn die Schriften Dr. Hayashis sind dem Krieg zum Opfer gefallen. Es handelt sich somit ausschließlich um mündliche Überlieferungen. Man geht davon aus, dass Dr. Usui nicht nach der strukturierten Methode der einzelnen Grade eingeweiht hat, sondern rein intuitiv.

Dass man von einer Legende sprechen kann, zeigen allein die Gedanken: Gab es in Japan überhaupt einen christlichen Priester namens Usui, oder war er etwa, wie erwähnt wird, Sohn des Bürgermeisters von Tokyo.

Nachforschungen ergaben, das Usui wohl kein Christ war, sich wohl aber mit dem Glauben auseinandersetzte. In

Universitäten fand man keinen Hinweis darauf, dass Mikao Usui jemals immatrikuliert war.

Sich bisweilen über die Reiki-Legende, ihren Sinn und Unsinn auf Biegen und Brechen Gedanken zu machen ist müßig. Denn beim Reiki wird man mit Dingen konfrontiert, die den meisten fremd sind und sich teilweise nicht wissenschaftlich belegen lassen, sondern auf dem Glauben beruhen.

Wenn wir uns an unsere Kindheit erinnern, in der Großmutter uns die schönsten Märchen erzählte, haben wir nie nach dem Sinn gefragt und das bis heute nicht. Die Märchen haben uns in unserer persönlichen Entwicklung nicht geschadet, im Gegenteil.

Und genau so ist das mit dem Reiki.

Die Geschichte über Usui stellt sich dagegen viele nüchterner dar, als wie das in der Legende geschieht. Mikao Usui wurde am 15. August 1865 in Taniai in Japan geboren. In seiner Jugend lernte er in dem buddhistischen Tendai-Tempel, nahe Kyoto, die Tradition des Kiko. Ähnlich dem chinesischen Qui-Gong besteht Kiko aus Atem-, Bewegungs- und Meditationsübungen, welche die Energie des Körpers stärken und bewusst anwendbar machen.

Nach einigen Jahren der Praxis kann man dann die Energie immer besser sammeln, und durch Handflächen weitergeben - allerdings verwendet man hierbei ausschließlich die eigene Energie, was danach oftmals zur eigenen Erschöpfung führt.

Einige Jahre später bereiste Mikao Usui auch China und Europa, währenddessen er Psychologie, Medizin und Religion studiert haben soll, um sich anschließend einer spirituellen Gruppe namens Rei Jyutu Ka anzuschließen.

Es folgte eine Zeit als Sekretär von Shinpei Goto, der die Ressorts Gesundheit und Wohlfahrt in Japan leitete, danach machte er sich als Geschäftsmann selbstständig.

Nach einigen erfolgreichen Jahren verließ ihn 1914 das geschäftliche Glück und er besann sich auf seine frühere Wissenssuche und wurde buddhistischer Mönch.

Auch die 21-tägigen Meditationen auf dem Berg Kurama im März 1922 sollen den Tatsachen entsprechen, bei der Usui den Zustand des Satori - eine Art Erleuchtung erreichte. Ob nun die Energie, die er als Licht wahrnahm und durch sein Scheitel-Chakra strömte und ihn gleichzeitig ein weitreichendes Wissen zuteilwerden ließ, der Tatsache entspricht, sei dahin gestellt. Auf jeden Fall gaben die Jahre des Studierens und Suchens mit einmal einen Sinn. Er spürte, dass er endlich eine Energie gefunden hatte, die nicht aus ihm heraus-, sondern durch ihn hindurchströmte. Diese war weitaus stärker, als alles, was er sich mühsam durch seine spirituellen Übungen erarbeitet hatte.

Im April 1922 gründete er in Tokio die *Usui Reiki Ryoho Gakkai* (Gesellschaft für das Heilen durch Usui-Reiki). Diese Gesellschaft existiert noch heute.

Usui eröffnete eine Klinik in Harajuku, wo er Reiki lehrte und Vorlesungen hielt.

Dr. Usui, der ein warmherziger, einfacher und demütiger Mensch war, hatte mit seiner Frau Sadako einen Sohn und eine Tochter.

1923 erschütterte ein großes Erdbeben Kanto, bei dem über 140.000 Menschen ihre Leben verloren. Mikao Usui und seine Schüler halfen in dieser Zeit vielen Menschen, wodurch sich Reiki rasch verbreitete, sodass 1925 eine Klinik in Nakano eröffnet wurde.

Anschließend reiste Usui durch Japan, gab Reiki an mehr als 2.000 Schüler weiter und bildete 16 Lehrer aus.

Sein Ruhm verbreitete sich schnell über ganz Japan, und er wurde in viele Dörfer auf dem Land eingeladen. Einmal reiste er nach Kure, ein anderes Mal in die Hiroshimapräfektur, dann wieder in die Saga-Präfektur und nach Fukuyama.

Die japanische Regierung ehrte ihn später mit der *Kun San To - Auszeichnung* für seine Verdienste an seinen Mitmenschen.

Bei seinem Aufenthalt in Fukuyama wurde Dr. Usui krank und starb am 9. Mai 1926. Beigesetzt wurde er auf dem Friedhof des Saihoji-Tempels in Tokio.

Kurz vor seinem Tod bestimmte er seinen Freund und engen Mitarbeiter, Herrn Ushida zum Nachfolger. Dieser übernahm den Vorsitz der „Usui Reiki Ryoho Gakkai". Ihm folgten nacheinander der Herren Taketomi, Watanabe, Frau Koyama und schließlich der spätere Vorsitzende Herr Kondo.

Bild 2: In der Mitte des Bildes, Usuis Grabstein, rechts der Gedenkstein.

Herr Hayashi und Frau Takata, die in der westlichen Welt als Nachfolger von Dr. Usui angesehen werden, kennt man in Japan kaum. Es schien, als ob sich das japanische und das westliche Reiki in zwei Richtungen entwickelt hatten, wie auf einen für die Öffentlichkeit aufgestellten Gedenkstein zu lesen ist.

„Wer ernsthaft lernt und hingebungsvoll an sich selbst arbeitet, um seinen Körper und seinen Geist zu verbessern und ein besserer Mensch zu werden ist ein „Mensch von großem Geist". Die Menschen, die diesen großen Geist zum Wohle der Gesellschaft nutzen, um vielen Menschen den rechten Weg zu zeigen und Gutes zu tun, nennt man „Lehrer".

Frank Arjava Petter „Das Reiki-Feuer", Windpferd-Taschenbuch, 1. Auflage 2009, Seite 32

Offensichtlich hatte Dr. Usui ein Interesse daran, das, das Reiki sich weiter verbreitete. So hatte er einem Teil seiner Schüler erlaubt, unter anderem auch Herrn Hayashi, eigene Schüler auszubilden. Dadurch kam Reiki nach Hawaii und gelangte so schließlich nach den Westen. Innerhalb von Japan entwickelte es sich in verschiedene Richtungen.

Obwohl Frau Hawayo Takata nicht als direkter Nachfolger von Dr. Mikao Usui zu sehen ist, war sie diejenige, die Reiki in die westliche Welt brachte. So gibt es neben der japanischen Reiki-Bewegung eine westliche.

„Der Mensch hat dreierlei Wege klug zu handeln:
Erstens durch Nachdenken, das ist der Edelste,
zweitens durch Nachahmen, das ist der leichteste,
und drittens durch Erfahrung, das ist der bitterste. "

Konfuzius

1.2. Ein wissenschaftlicher Exkurs

In der folgenden Abhandlung geht es darum, eine Erklärung zu finden, für die Existenz der *kosmischen Energie*. Dabei spielen die wissenschaftlichen Erkenntnisse der Vergangenheit, der Gegenwart, aber auch die der Zukunft eine Rolle. Sollte dem Leser dieses Ansinnen zu weit gehen oder wissenschaftliche Erklärungen nicht interessieren bitte ich ihn dieses Kapitel zu überspringen und mit dem darauffolgenden Fortzufahren.

In hinter uns liegenden Jahrhunderten war nicht nur der Mensch, sondern auch die Wissenschaft der festen Überzeugung, fliegen in Flugzeugen sei unmöglich, da Metall schwerer sei als Luft. Und dennoch legten ruhelose Denker und Forscher der Menschheit wie Leonardo da Vinci (1488), der Schneider von Ulm (1811), Otto Lilienthal (1895) oder die Gebr. Wright (1900-1912) den Grundstein für den gegenteiligen Beweis.

Obwohl der Mensch sich in der Vergangenheit absolut sicher war, dass er niemals zu anderen Himmelskörpern fliegen könnte, wurde sein Geist durch solche Schriftsteller, wie eines Jules Verne in seiner Phantasie beflügelt. Und er sollte, mit dem, was er in seinen Büchern bereits beschrieb, recht behalten, hier sei nur auf die *Reise um den Mond* hingewiesen.

Bereits im 20. Jahrhundert war man in der Raketenforschung so weit, dass sich die Möglichkeit aufzeichnete, die Vorstellung von der Reise zum Mond und anderen Planeten Wirklichkeit werden zu lassen. Pioniere der Menschheit wie Konstantin Ziolkowski, Hermann Oberth, Wernher von Braun und viele andere schritten auf dem einmal eingeschlagenen Weg zügig voran.

Am 3. Oktober 1942 gelang der erste Start einer voll funktionsfähigen Großrakete in Peenemünde. Obwohl konzipiert als ballistische Artillerie Rakete großer Reichweite, war die A4, das erste von Menschen konzipierte Objekt, das die Grenzen zum Weltall durchstieß.

Rasant ging die Entwicklung weiter.

Bereits 1957 hielt der Sputnik Schock die Welt im Atem. Eine kleine sowjetische Raumkapsel umkreiste die Erde und machte sich auf allen Frequenzen mit seinem *„Piep, piep"* bemerkbar.

Es folgte am 12. April 1961 der Flug des ersten Menschen in das Weltall. Es war der sowjetische Kosmonaut Juri Gagarin.

Im Rahmen der Apollo 11 Mission landete am 20. Juli 1969 eine amerikanische Landekapsel auf dem Mond und die amerikanischen Astronauten Armstrong und Aldrin betraten die Oberfläche unseres Trabanten.

Bereits am 15. Dezember 1971 erfolgte die erste weiche Landung der Weltraumsonde Verena 7 (Sowjetunion) auf der Venus. Nach der Landung wurden noch 23 Minuten lang Daten von der Oberfläche her übertragen.

Heute ist die Erforschung und der Flug in den Weltraum etwas ganz Normales. Und sicherlich wird es in ferner oder auch bereits in naher Zukunft dem Menschen gelingen auf einem unserer Nachbarplaneten zu landen.

All diese Grenzen konnten nur überwunden werden, weil irgendjemand den Mut hatte, Unmögliches für möglich zu halten.

Sei jetzt bereit, etwas scheinbar Unmögliches für möglich zu halten.

Hierbei geht es um *Reiki*.

Bevor ich jedoch näher auf das *Wie* und *Was* des Reikis eingehe, möchte ich den Leser auf einen kleinen Exkurs in die Wissenschaft mitnehmen, um ein Verständnis für den Begriff *kosmische Energie* zu entwickeln. Denn ohne *kosmische Energie* gibt es kein Reiki.

Wenn ich jetzt mit Einstein anfangen, wird sich der eine oder andere die Frage stellen was hat dieser geniale

Physiker mit der *kosmischen Energie* zu tun und dann auch noch mit *Reiki*?

Warten Sie es ab!

Lange Zeit hielt man es für undenkbar, dass das Licht eine *Geschwindigkeit* haben könne. Man behauptete allen Ernstes, das Licht sei schon hier, im gleichen Augenblick, da es irgendwo anders entsteht.

Erst zu den Zeiten Galileos und Keplers, als der Himmel ins Interesse der wissenschaftlichen Beobachter geriet, bemerkte man, das Licht nicht *unendlich* sein könne. So wurde die Lichtgeschwindigkeit erstmals 1676 von dem dänischen Astronomen Olaf Römer gemessen. Er beobachtete die Umlaufbahn des Jupitermondes Io, den er als helles Pünktchen sah. Stellte Überlegungen und Berechnungen an und kam dabei mit einer einleuchtenden Erklärung zu dem Schluss, dass sich das Licht mit einer Geschwindigkeit von 300.000 km/s bewegen müsste.

Wie es sich später herausstellen sollte, war Römers Theorie richtig.

Im Jahre 1873 gelang es einem gewissen Adolphe Cornu von der Pariser Akademie der Wissenschaften mittels seinerzeit verfügbaren Messmethoden die Lichtgeschwindigkeit von 298.000 Kilometern in der Sekunde festzulegen.

Nach der Relativitätstheorie von Einstein ist die Lichtgeschwindigkeit die größtmögliche Geschwindigkeit, mit der Energie transportiert und Signale (Informationen) übertragen werden können.

Hätte einer diese Behauptung zu der Zeit aufgestellt, als man es für undenkbar hielt das, dass Licht eine *Geschwindigkeit* habe, dieser wäre für verrückt erklärt worden.

In der Astronomie wird seitdem für die Entfernungsmessung die Lichtgeschwindigkeit genutzt und man spricht von einem *Lichtjahr* oder *Parsek*.

Ein *Lichtjahr*, das sagt sich so leicht dahin. Aber kann man sich die Strecke vorstellen?

Ein *Lichtjahr* (Lj) ist die Strecke, die das Licht während eines Jahres zurücklegt, also rund 10 Billionen Kilometer.

Das *Parsek* (pc), dass uns hier erstmals begegnet, hat seinen Namen von den beiden Wörtern Parallaxe und Sekunde; es ist ein Kunstwort. Mit der Bezugnahme auf den Begriff Parallaxe wird gleichzeitig angedeutet, auf welche Weise in der Astronomie die Entfernung zu den Sternen ermittelt wird.

1 Parsec = grob 3 Lichtjahre = 31 Billionen Kilometer.

Ein jeder kann jetzt begreifen das es für die Phantasie des Menschen unmöglich ist, sich ein Lichtjahr oder, gar ein *Parsec* vorzustellen, denn alle Vergleiche enden immer wieder am Rande unserer Vorstellungskraft.

Unserer Vorstellungskraft!?

Das entfernteste Objekt, das ohne Fernrohr gesehen werden kann, ist der Virgo-Haufen. Wenn wir ihn beobachten, überbrückt das in unsere Augen tretende Licht einen Abstand von 2.260.000 Lichtjahren. Besser gesagt, vor 2.260.000 Lichtjahren war es einmal an der Stelle, von der aus das Licht heute zu kommen scheint.

Um etwas über die Zustände und Vorgänge im Weltall zu erfahren, steht der Menschheit eben nur das Licht zur Verfügung. Gleich einem schimmernden Gespinst verbindet es die fernen Gestirne mit der Erde und stellt ein kompliziertes Gemisch elektromagnetischer Strahlung dar.

Wir haben bisher einiges über Geschwindigkeit und Lichtgeschwindigkeit gelesen. Es stellt sich nun die Frage: *„Gibt es etwas, das noch schneller als das Licht ist und wenn ja steht diese Feststellung im Widerspruch zur Relativitätstheorie?"*

Die Lichtgeschwindigkeit ist zwar die Grenze, aber nicht für die Ausdehnung des Weltraumes. Der Raum dehnt sich aus, natürlich auch, während das Licht zu uns unterwegs ist. Die Licht- genauer gesagt die Strahlungsquelle am Rande des sichtbaren Universums hat eine etwa dreimal größere Entfernung als der Abstand, der sich aus der Reisezeit des *Photons* ergibt. Im expandierenden Raum nimmt die Fluchtgeschwindigkeit linear mit der Entfernung zu und übersteigt oberhalb der sogenannten Hubble-Entfernung die Lichtgeschwindigkeit. Und da sind wir wieder bei dem, was am Anfang des Absatzes gesagt wurde: Die Lichtgeschwindigkeit ist zwar die Grenzgeschwindigkeit für die Signalausbreitung, aber nicht für die Raumdehnung.

Somit steht auch die *Tachyonen Hypothese* nicht im Widerspruch zur *Relativitätstheorie*.

Tachyonen sind hypothetische Elementarteilchen, die sich schneller als das Licht im optisch dichten Medium bewegen. Ihre Energie wächst über (oder unter) alle Grenzen, wenn sie auf Lichtgeschwindigkeit abbremsen. Sie können ebenso wenig auf (bzw. unter) Lichtgeschwindigkeit abgebremst werden, wie man massive Teilchen auf (bzw. über) Lichtgeschwindigkeit beschleunigen kann.

Der Begriff *Tachyonen* wurde 1964 von dem amerikanischen Physiker Gerald Feinberg für die Partikel der kosmischen Energie eingeführt.

Das Wort *Tachyon* leitet sich von dem griechischen Ausdruck für *hohe Geschwindigkeit* ab und benennt sehr schnelle hypothetische Teilchen ohne Masse aber mit eigener Energie. Die sich mit Überlichtgeschwindigkeit bewegende *Tachyonen* sind nicht polar. Sie sind eine Form freier Energie, die uns überall umgibt und feste Materie zu durchdringen scheint. Es sind die Energieteilchen, die unser gesamtes Sein aufbauen.

Es zeigt sich hier, dass das Verbot der Überlichtgeschwindigkeit keine sich aus der Relativitätstheorie ergebende Folge ist. Sie ist nur eine durch Abstraktion gewonnene Aussage, aus der mittels der Logik weitere Aussagen abgeleitet wurden, die ihr zugrunde gelegt werden. Demnach kann die spezielle Relativitätstheorie im Prinzip die Überlichtgeschwindigkeit nicht verbieten.

Sollten die *Tachyonen* tatsächlich existieren, würden sie einen Bereich jenseits der Lichtschranke bewohnen und in keinerlei Wechselwirkung mit Nichttachyonen treten. Dies würde eine Ausdehnung der speziellen Relativitätstheorie auf hypothetische physikalische Erscheinungen bedeuten, die jenseits der Lichtschwelle auftreten.

Könnte man *Tachyonen* sehen (oder messen), und ginge man gleichzeitig von der Annahme aus, dass diese Teilchen sich schneller als das Licht fortbewegen würden, sähe sie ein Beobachter erst, wenn sie an ihm vorbeigeflogen sind. Ähnlich wie bei Flugzeugen, die schneller fliegen als der Schall und ihre eigene Geräuschkulissen überholen, bewegen sich die Tachyonen schneller als das Licht und überholen somit ihre optische Abbildung. Daher würde man das Tachyon, nachdem es an einem vorbeigeflogen ist, gleich doppelt sehen. Einmal in der Richtung, in der es fliegt, und einmal in der Richtung, aus der es kommt. Beide Abbildungen würden sich vom Beobachter entfernen. Die Abbildung des sich nähernden Teilchens erführe eine enorme Blauverschiebung, die des sich entfernenden eine Rotverschiebung.

In der Physik sind gegenwärtig zwei Typen von Teilchen bekannt, zwischen denen es keinen Übergang gibt. Das sind einerseits Teilchen, deren Bewegungsrichtung geringer als die des Lichtes ist, dazugehören unter anderem die *Protonen, Neutronen* und *Elektronen*. Andrerseits sind es Teilchen, die sich mit Lichtgeschwindigkeit bewegen, zu denen unter anderen die *Photonen* und *Neutrinos* gehören.

Wenn sich herausstellen sollte, dass es tatsächlich *Tachyonen* gibt, wären sie ein dritter Teilchentyp. Ein zu einem dieser Typen gehörendes Teilchen kann bei einer, der uns bekannten Wechselwirkungen nicht in ein Teilchen des anderen Typs übergehen.

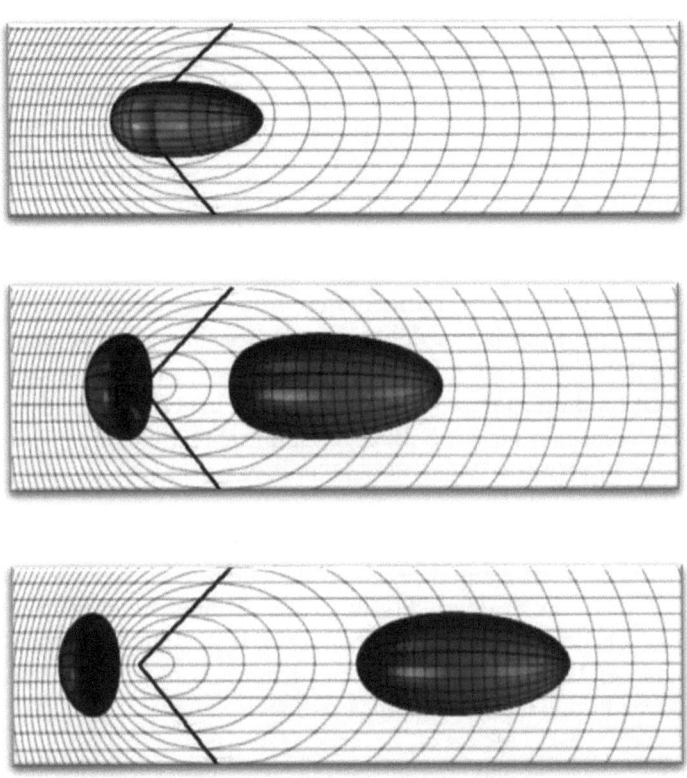

<u>Bilder 3-5:</u> Ansicht eines Körpers bei der Überlichtgeschwindigkeit vom Standpunkt eines Betrachters.

Wohlgemerkt bei einer, der uns bekannten Wechselwirkungen könnten die *Tachyonen*, die sich schneller als das Licht bewegen nicht auf eine kleinere Geschwindigkeit abgebremst werden.

Der Gedanke der *Tachyonen* widerspricht im Prinzip keiner einzigen fundamentalen physikalischen Theorie. Er folgt aber auch aus keiner dieser Theorien.

Natürlich werden nicht alle theoretischen Ideen realisiert. Manche haben Erkundungscharakter. Möglicherweise gehört dazu auch die *Tachyonen Hypothese*. Dennoch ist sie eine Sonde, die in eines der verlockendsten Gebiete, in den Bereich jenseits der *Lichtschwelle* geschickt wird.

Das bedeutet, dass sich jeder Baustein eines Atoms aus *Tachyonen-Energie* zusammensetzt. Die frequenzfreien *Tachyonen* bewirken durch ihre Energie erst die Schwingungsfrequenzen. Die *Tachyonen-Energie* ist eine Energie-Form, die in allen biologischen Systemen der Entropie, also der Disharmonie und Unordnung entgegenwirkt.

Was während Jahrhunderten von vielen Wissenschaftlern skeptisch betrachtet wurde, hat die moderne Wissenschaft der Physik bewiesen. Rechnerisch sind *Tachyonen* seit bald 40 Jahren bekannt. Bis heute haben verschiedene Wissenschaftler wie Nikola Tesla im Jahre 1896, die Physiker Levetzkow, Stanyukovic und Schneiderov im Jahre 1920, Oliver Crane im Jahre 1960, Gerald Feinberg im Jahre 1964, Tonomura Hitachi im Jahre 1986 und Christian Monstein im Jahre 1991 den eindeutigen Beweis für die Existenz dieser überlichtschnellen Energieform erbracht.

Da der Nachweis von *Tachyonen* bisher nur auf rechnerischer Basis und theoretischen Ideen existiert, gibt es jedoch einige Grundannahmen dafür:

❋ Alles hat ein Bewusstsein (Tiere, Pflanzen, Steine).
❋ Alles, was existiert, besteht aus Energie.
❋ Unsere Realität unterscheidet sich von der Wirklichkeit.
❋ Als kosmische Energie sind Tachyonen eine Bewusstseinsform und Informationsträger des Universums.
❋ Als freie Energie kommen sie in Hülle und Fülle vor.

Tachyon-Energie ist die *kosmische Urenergie,* die universelle Energie, aus der das Universum hervorgeht. Sie existiert in einem formlosen Zustand, der *Nullpunkt-Energie*.

Hier schließt sich der Bogen in unserem kurzen wissenschaftlichen Exkurs zwischen der *kosmischen Energie* oder *Reiki*. Er zeigt deutliche Parallelen zu wissenschaftlichen Phänomenen in der Vergangenheit der Menschheitsgeschichte. So wie es damals für diese keine schlagkräftigen Beweise gab, fehlt heute für die *kosmische Energie* wie für *Reiki* der glaubwürdige Beleg. Vielleicht sieht dies in 50 Jahren oder auch noch früher ganz anders aus.

Das vom Menschen entworfene Weltbild, bei allen Wandlungen, die es im Laufe der Zeit bereits erfahren hat, wird sich weiterhin verändern.

Dem so wandlungsfähigen Bewusstsein steht die wirkliche Welt gegenüber.

Diese wirkliche Welt, die nicht unseren augenblicklichen Kenntnissen und auch nicht die zurzeit bestehenden allgemeinen Anschauungen entspricht, ist für uns Menschen das einzige real Gegebene.

Dass es Atome gibt, ist heute so selbstverständlich, dass wir uns kaum vorstellen können, wie radikal diese Idee einst war.

Als die Naturforscher vor zwei Jahrhunderten den antiken Atombegriff wieder aufnahmen, dachten sie nicht im Traum daran, etwas so Kleines je beobachten zu können - und viele bezweifelten seinen wissenschaftlichen Charakter.

Doch allmählich mehrten sich Indizien für den atomaren Aufbau der Materie bis Albert Einstein schließlich 1905, damit die brownsche Bewegung - das zufällige Zittern von Stäubchen in einer Flüssigkeit - erklären konnte.

Dennoch dauerte es 20 Jahre, bis die Physiker mit der Quantenmechanik eine Theorie der Atomstruktur entwickelten, und nochmals 30 Jahre, bis der deutsch-

41

amerikanische Physiker Erwin Wilhelm Müller einzelne Atome abzubilden vermochte.

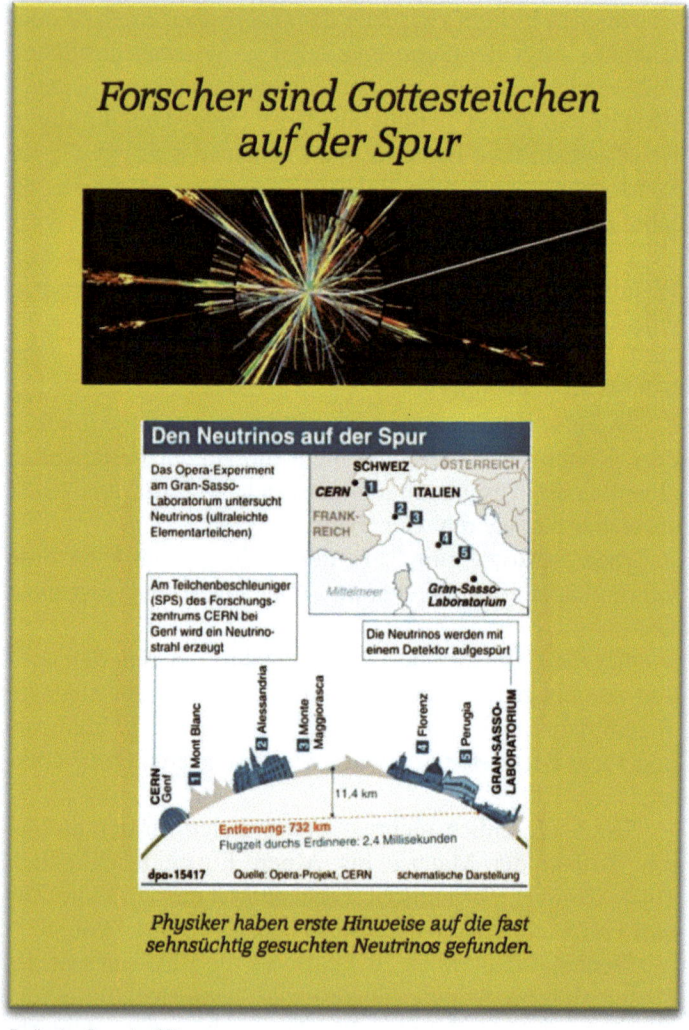

Physiker haben erste Hinweise auf die fast sehnsüchtig gesuchten Neutrinos gefunden.

Quelle: dpa, Dezember 2011.

Heute beruhen ganze Industriezweige auf den charakteristischen Eigenschaften atomarer Energie.

Neben dem Begriff *materiellen Atomen*, der uns allen geläufig ist, kommt jetzt der Begriff *kosmische Atome* ins Spiel.

Die Nachweisbarkeit, die plausible Erklärung ob die kosmischen Atome etwas mit der *kosmischen Energie* zu tun haben wird nicht so lange dauern, wie die Erkenntnis des Menschen, dass die Erde keine Scheibe ist, sondern eine Kugel.

Genug aller wissenschaftlichen Fachsimpelei, denn sie sollte nur aufzeigen, was unter *kosmischer Energie* zu verstehen ist und welche Zusammenhänge dabei zum *Reiki* möglich sein können.

Im Weiteren geht es allein darum, die Frage zu beantworten: *„Was ist denn überhaupt ‚Reiki'?"*

> *„Das Nicht - Wahrnehmen von etwas beweist nicht dessen Nicht - Existenz."*
>
> Dalai Lama

1.3. Was ist Reiki?

Wir sprechen bei *Reiki* von universeller Lebensenergie, kosmischer Energie. Diese kosmische Energie zu beschreiben klingt wie ein komischer Witz, als jage man seinem eigenen Schatten nach. In welcher Zeit und an welchem Ort man sich auch befindet, *Reiki* entzieht sich der intellektuellen Betrachtung, sobald man diese ansatzweise versucht.

Dennoch ist *Reiki* faszinierend, so annehmbar für viele Menschen, wie es die Arbeit mit *Lebensenergie*, der alles durchdringenden Kraft auf der ganzen Welt zeigt. Es ist der richtige Weg zur Entspannung in unserer so hektischen Zeit. Ohne Entspannung vergessen wir, wie wertvoll jeder Augenblick in unserem vergänglichen Leben ist.

Jeder Mensch besitzt die Fähigkeit, sich selbst zu heilen. Dazu ist es notwendig, Verantwortung für den eigenen Körper zu übernehmen.

Stellen wir uns einmal die Fragen, was *Reiki* so faszinierend, so annehmbar für viele Menschen macht:

* Ist es die spezielle Art der Heilung durch Berührung?
* Ist es die Berührung, die in den Menschen das Gefühl der wohltuenden Geborgenheit, der Wärme und des angenommen Seins auslöst?
* Ist es das Staunen darüber, wie wunderbar einfach, still und ohne Kampf sich Heilung vollziehen kann?
* Ist es die Einfachheit der Anwendung?
* Ist es die gelebte Erfahrung des Empfängers von *Reiki*, sich auf tiefe Hingabe und tiefes Vertrauen einzulassen?
* Ist es das Erwachen der Sehnsucht nach Einheit und Liebe?
* Oder ist es die Erkenntnis, dass die bewusste Nutzung dieser Energie, dass Wissen um ihre Wirkung, uns zu bewussten Schöpfern unseres Lebens macht?

Zur Anwendung von *Reiki* werden lediglich die Hände auf, oder einige Zentimeter über die verschiedenen Körperteile gelegt und die Energie beginnt zu fließen. Der *Reiki-Praktizierende* arbeitet nicht mit seiner eigenen Energie, sondern mit der universellen oder universalen Lebensenergie. Er betrachtet sich als Kanal für diese Energie.

Dabei ist die Wirkung der Anwendung bei jedem Einzelnen unterschiedlich. So wie es Menschen gibt, die gut singen können und andere brummen wieder wie ein Bär, trifft das auch für *Reiki-Anwender* zu.

Bei der verstärkten Übertragung der Lebensenergie erfahren Geist und der Körper eine tiefe Entspannung. Gerade während dieser Entspannungsphase werden die Selbstheilungskräfte des Körpers aktiviert. Das Fließen der universellen Energie wird unterstützt und beschleunigt den Heilungsprozess und löst innere Blockaden.

Reiki als Lebensenergie schadet niemand, kann neben jeder Schulmedizin oder sonstigen alternativen medizinischen Behandlungen angewandt werden. Medizinischen Behandlungen, sowie Massagen, Fußreflexzonenmassagen, Chiropraktik, Shiatsu usw. können durch *Reiki* unterstützt werden. Eine Diagnose ist für die Reiki-Behandlung nicht erforderlich.

Reiki ersetzt allerdings im akuten Krankheitsfall keinen Besuch beim Arzt oder Heilpraktiker! Auch dürfen keine Medikamente ohne Wissen der Ärzte abgesetzt oder die verordnete Einnahmedosis reduziert werden! Auch Empfehlungen, bestimmte naturheilkundliche Mittel zu sich zu nehmen, dürfen nicht gegeben werden.

Heilversprechen, Erstellen von Diagnosen oder Verordnungen usw. ist nur den Heilberufen mit staatlicher Zulassung erlaubt. Aus diesem Grund arbeiten auch viele Heilpraktiker mit *Reiki*.

Fakten belegen, das *Reiki*, als Form der Energie-Medizin, zu den zahlreichen Energie übertragenden Methoden aus dem Bereich der interaktiven Medizin gehört:

❋ Erste wissenschaftliche Untersuchungen zeigen jetzt, das *Reiki* nachweislich eine heilsame Wirkung hat. So ergab z. B. eine Studie der Universität Texas Houston, dass durch eine halbstündige Behandlung die Konzentration des Abwehr-Eiweißes IgA im Blut anstieg. Die Folge: eine Aktivierung des Immunsystems.

✻ Ausgiebig mit den Effekten von *Reiki-Anwendungen* befassen sich einige US-amerikanische Studien des National-Instituts of Health Center Complementary and Alternativ Medizin / NCCAM. Dabei zeigt sich u. a., dass *Reiki-Anwendungen* zur Befreiung von Schmerzen und zur Auflösung von Ängsten führen sowie biochemische Veränderungen wie Entspannung und Stärkung des Immunsystems bewirken können.

Welches sind nun die verschiedenen, ausschließlich positiven Eigenschaften, die *Reiki* als Energiemassage bewirkt:

✻ Sie löst Blockaden im körperlichen und geistigen Bereich und fördert die totale Entspannung.
✻ Sie kräftigt Körper, Seele und Geist.
✻ Sie fördert die Selbstheilung.
✻ Sie wirkt prophylaktisch.
✻ Sie gleicht den Energiefluss aus.
✻ Sie reinigt von Giften.
✻ Sie fließt in unbegrenzter Qualität und Quantität.
✻ Sie stellt Harmonie und geistiges Wohlbefinden wieder her.
✻ Sie ist ein Weg zurück zur Berührung, weg von der Isolation und Einsamkeit.
✻ Sie fließt dorthin, wo sie am meisten benötigt wird, weil sie disharmonische Strukturen von selbst findet, d. h. ein gesundes Gewebe weniger Energie benötigt, als ein Geschädigtes.
✻ Sie wirkt auch dann, wenn der Behandelte nicht an die Wirkung glaubt.
✻ Sie wirkt auch bei Tieren und Pflanzen.
✻ Sie kann eine Krankheit verhindern.

Diese Aufzählung erklärt jedoch nicht das, was *Reiki* zu etwas ganz Besonderem macht. Es besitzt die Fähigkeit

Wirkungen entstehen zulassen, die sowohl für den Gebenden als auch für den Empfänger im ganzheitlichen Sinne
positiv empfunden werden.

Fazit ist: *Reiki stärkt die Selbstheilungskräfte, kräftigt Körper und Geist und hilft Krankheiten zu überwinden. Reiki verringert unter anderem die Nebenwirkungen von Medikamenten, unterstützt den Heilungsprozess von Wunden und Narben.*

Die *Reiki-Behandlung* ist keine Behandlung im herkömmlichen Sinne, sondern ein *sich zur Verfügung stellen*,
eher ein *sich hingeben* als ein tun. Der Empfänger zieht sich
die *Universelle Lebensenergie* durch den *Reiki-Kanal* ein
und bestimmt so ganz allein, wie viel *Reiki* er gerade aufnehmen möchte und von ihm verarbeitet werden kann. Über
den Grad der Aufnahmefähigkeit hat er jedoch normalerweise keine bewusste Kontrolle.

*Deshalb kann mit einer Reiki-Anwendung auch niemals
etwas falsch gemacht werden, und es gibt keine Nebenwirkungen.*

Reiki ist intelligent!

Durch den Kontakt mit der universellen Lebensenergie
finden tiefgreifende Veränderungen in der Fähigkeit der
Liebe statt. *Reiki* strömt durch den Scheitel in das Herzzentrum des Gebenden (Kanal) und von dort über dessen Hände
zum Empfänger. Dabei nimmt das Herzzentrum des Gebenden immer etwas von der Lebensenergie auf. Wird die Aufmerksamkeit durch wiederholte Gabe immer wieder auf das
Herzzentrum gerichtet, fördert *Reiki* eine Entwicklung hin
zu Liebe, Angstfreiheit, Wahrheit, Vertrauen (auch Selbst-
vertrauen) und Erkenntnis.

Man sieht und fühlt nur mit den Herzen gut. Um diese
Wirkung zu erzielen, ist es lediglich notwendig, durch Aufmerksamkeit daran mitzuarbeiten.

Wie wirkt Reiki

körperliche Ebene

schmerzlindernd
durchblutungsfördernd
entgiftend
entschlackend
entkrampfend
wohltuend wärmend
bessere Wundheilung
krankheitsvorbeugend

emotionale Ebene

Entspannung
Vertrauen
Lebensfreude
Ausgeglichenheit
Freisetzen von
Gefühlsblockaden
fördert die Qualität von Liebe
und Mitgefühl

mentale Ebene.

befreit vom Alltagsstress
bessere Lernfähigkeit
neue Erfahrungen
offen fürs Leben
positive Lebenshaltung
klare Entscheidungskraft
fördern beim Erkennen und Loslassen negativer
Denkstrukturen

spirituelle Ebene

Meditation, feinere größere Aura, Verbindung mit höheren Ebenen,
Entwicklung der spirituellen Fähigkeiten, Bewusstseinserweiterung,
Vertrauen in den göttlichen Plan, die Sinnhaftigkeit des Lebens
erkennen

Quelle: Barbara Simonson Reiki - „Sich selbst und andere Behandeln leicht gemacht".

Anders als bei anderen Methoden bekommt also derjenige, der *Reiki* gibt, immer auch etwas zurück.

Bisher haben wir gelesen, das *Reiki* durch die Hände übertragen wird, dies ist absolut richtig. Aber in diesem Zusammenhang gilt es zu erwähnen, das *Reiki* auch durch andere Körperteile fließt, ob bewusst oder unbewusst, dies aber in wesentlich schwächerer Form. Allein der Gedanke an *Reiki* kann schon den Energiefluss aktivieren.

Bild 6: Ziele der Reiki Behandlung.

Reiki bringt das Beste in einem Menschen zum Vorschein. Es vergrößert die menschlichen Fähigkeiten und

49

zeigt einem Aspekt des Lebens auf, über die man sich bisher im Unklaren war.

Man kann also sagen die Reiki-Energie ist eine Energie, die uns auf den Boden der Tatsache, zurück auf die Erde holt. Dies ist nicht nur notwendig, wenn wir etwas Konkretes im Leben auf materieller Ebene erreichen wollen, sondern auch für die Gesundheit, den Geist und die Seele etwas tun wollen. Dafür ist Reiki da, die Energie des Lichtes.

Auch Menschen, Tiere und Pflanzen, die sich in der unmittelbaren Nähe des *Reiki* Gebenden befinden und nicht direkt berührt werden, ziehen aus dem feinstofflichen Energiekörper, die unseren physischen Körper umgeben, *Reiki*.

In diesem Zusammenhang ist es nicht zu vermeiden noch einmal kurz in den wissenschaftlichen Bereich abzuschweifen.

Es geht um die Schwingungsfrequenzen.

Wir wissen, dass alles aus Energie oder Schwingungen besteht, auch die scheinbar feste Materie, aus der unser physischer Körper und das Universum bestehen. Dies wurde bereits seit Jahrtausenden von vielen spirituellen Meistern gelehrt und in neuester Zeit bestätigen es auch die Erkenntnisse der Quantenphysik und andere Wissenschaften, die die Grenzbereiche der Materie untersuchen. Je feinstofflicher etwas ist (z. B. Aura, Geist, Seele), desto höher wird die Frequenz.

Eine Anhebung der Schwingungsfrequenz, wie sie *Reiki* bewirkt, dehnt unser Bewusstsein in Richtung der Erkenntnis der Einheit allein Seins aus. Anders gesagt: Wir kommen näher zum Glauben.

Und was könnte heilsamer sein?

Mit der Kirlianfotografie, einer Hochfrequenztechnik, ist es möglich, diese Energiefelder sichtbar zu machen. Deutlich ist das an den Händen vor und nach der *Reiki Gabe* zu sehen.

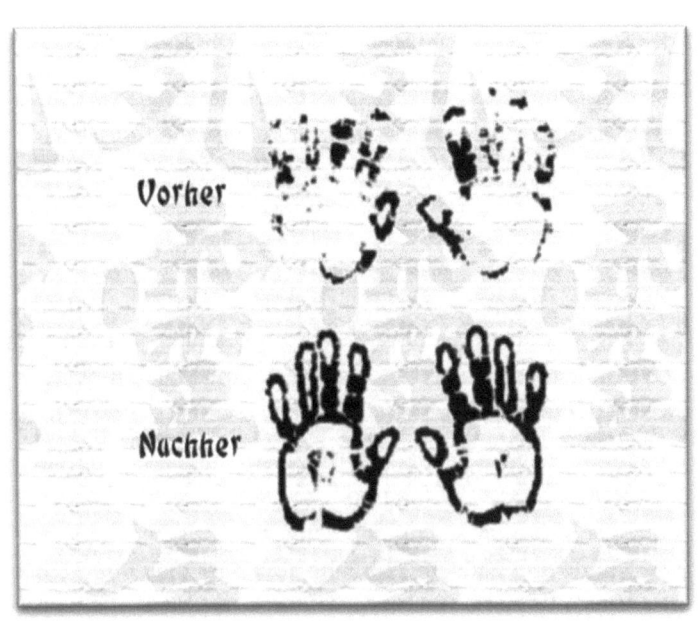

Bild 7: Energiefelder zweier Hände vor und nach der Reiki Gabe.

Reiki dient zur Aufrechterhaltung der Gesundheit und lässt sich täglich in jeder Lebenslage anwenden. Es dient dazu das Gleichgewicht zwischen Körper, Geist und Seele (Emotionen) wieder herzustellen. Nur allein schon der Gedanke, offen zu sein für den eigenen Körper, in sich hinein zu horchen und wirklich für sich selbst etwas Gutes tun zu wollen setzt Selbstheilungskräfte in Gang.

Sensibel für den eigenen Körper zu machen, lang und tief in sich hineinzuhören lohnt sich immer.

So führten in manchen Fällen die *Reiki-Behandlungen* zu Spontanheilungen. In anderen Fällen konnten körperliche und seelische Leiden chronischen oder im Endstadium kranken Menschen, auch Krebskranke, sehr verringert werden.

Reiki findet die Ursachen der physischen Symptome, gleicht die benötigten Schwingungen aus beziehungsweise füllt diese mit Energie auf, sodass die Gesundheit wiederhergestellt wird.

Dr. Chujiro Hayashi

Diese Beschreibung der Wirkungsweise ist einleuchtend, jedoch nicht wissenschaftlich nachweisbar. In diesem Zusammenhang muss auch darauf eingegangen werden, was *Reiki* nicht ist:

* *Reiki* ist keine Wunderdroge, die jemanden in den 7. Himmel der Spiritualität versetzt.
* *Reiki* ist keine Glaubenssache, verlangt deswegen auch keine dogmatische Hingabe oder dass man *blind* einem Guru folgen muss.
* *Reiki* ist kein *Handauflegen* im Sinne von Personen, die ihre eigene Energie abgeben.
* *Reiki* ist keine Hypnose oder Psychotherapie.
* *Reiki* ist auch keine Bewusstseinskontrolle, kein Wunschdenken aber auch keine Interpretation.
* *Reiki* ist nicht nur für Kranke, sondern für alle.
* *Reiki* ist aber auch kein Ersatz für den Arzt (bei gesundheitlichen Problemen sollte immer erst der Arzt aufgesucht werden).

Reiki funktioniert bei den Menschen aller Altersgruppen sowie bei Tieren und Pflanzen. Während man bei Menschen grundsätzlich davon ausgehen kann, dass der *Placebo-Effekt* eine Rolle spielen kann, werden Tiere und Pflanzen noch nie etwas von *Reiki* gehört haben, noch daran *glauben*. Trotzdem sind die Effekte mehrerer *Reiki*

Behandlungen auch bei ihnen deutlich sichtbar. Dass Gleiche gilt für Babys (die sehr empfänglich für *Reiki* sind) oder für Menschen, die im Koma liegen.

Nicht der Glaube an Reiki ist entscheidend,
sondern dass man offen dafür ist.

Reiki in seiner Gesamtheit verstehen zu wollen ist ein endloser Prozess, der in jedem Menschen selbst wächst. Es reicht nicht aus, ein oder zwei Bücher darüber zu lesen und Informationen zu sammeln. Solange man lebt, entwickelt man sich persönlich weiter, daher kann man niemals eine perfekte Beschreibung dessen abgeben, was *Reiki* ist und was es für einen Selbst bedeutet.

Man kann sich nur im Strom treiben lassen und hoffen, dass man die Segnungen des Daseins erfährt. Der Rest ist das Geheimnis eines jeden Einzelnen.

Man kann aber auch auf ein altes Sprichwort aus dem Volksmund zurückgreifen, das da sagt: *„Liebe heilt alle Wunden!"* Dieses Sprichwort benennt im Kern die Wirkungsweise von *Reiki*. Liebe heilt, denn sie hebt die Trennung auf, stellt die innere Verbundenheit, die Einheit mit dem umgebenden Ganzen, der Welt wieder her. Alle Menschen sind miteinander verbunden. Wir sind Licht, Energie, Schwingung und Liebe. Deswegen ist die Behauptung: *In jedem Menschen steckt ein bisschen Reiki!* nicht weit hergeholt.

„Man sieht nur mit den Herzen gut.
Das Wesentliche ist für das Auge unsichtbar."

Antoine de Saint-Exupery

53

1.4. Reiki Lebensregeln

Ich muss an dieser Stelle noch einmal auf die Erlebnisse die Usui, in dem Bettlerviertel von Kyoto sammelte, zurückkommen. Er hatte hier Bettler mit *Reiki* geheilt, aber als er nach vielen Jahren wieder an diesen Ort zurückkehrte, musste er feststellen, dass sich in dem Leben der Bettler nichts geändert hatte. Sie befanden sich in dem gleichen jämmerlichen Zustand wie vor der Heilung, als er ihnen zum ersten Mal half.

Er stellte fest, dass die Bettler nicht gewillt waren, ihr Leben zu ändern und musste in diesem Augenblick erkennen, dass er zwar den physischen Körper von den Krankheitssymptomen geheilt, jedoch keine neue Lebensweise vermittelt hatte. Seine Schlussfolgerung aus dieser Tatsache heraus war die Aufstellung seiner Regeln für eine *ganzheitliche Heilung*. Des Weiteren entschied er sich, nur noch jenen Menschen zu helfen, die ihn ausdrücklich um seine Hilfe baten und das Geschenk der Heilung achteten.

Usui hatte erkannt, dass er den Körper von Krankheitssymptomen heilen konnte, jedoch für eine richtige Heilung auch Geist und Seele der Menschen in die Heilung einbezogen werden müssen. Die wirkliche Heilung betrifft den Körper und den Geist nur im ganzheitlichen Sinne.

Bei den Regeln oder Prinzipien handelt es sich nicht nur um moralische Verpflichtungen, sondern sie dienen als Sprungbrett auf dem Weg zu einer erweiterten Bewusstwerdung des Makro- und des Mikrokosmos.

Mittlerweile gibt es die unterschiedlichsten Formulierungen für die *Reiki-Lebensregeln*, aber im Grundtenor beinhalten sie alle das Gleiche. Sie sollen als Anleitung für den Alltag dienen, um bewusst zu machen, dass ein aktives Handeln wichtig ist für eine dauerhafte Heilung.

Ob diese Lebensregeln nun richtig sind oder nicht, man kann sich darüber streiten. Der Leser mag für sich selbst im

Folgenden darüber eine Meinung bilden und entscheiden, auf welcher Seite er steht.

Die Überlieferung Dr. Usuis-Lebensregeln erfolgte im Tagebuch der Frau Takata:

* Grade heute ärgere dich nicht, das heißt:
  Wut oder Ärger zu erkennen, zu beobachten und dabei loszulassen. Sobald man die Identifikation mit dem Gefühl durchbrochen hat, wie sagt man so schön: *„Es verraucht die Wut oder der Ärger!"*

* Gerade heute sorge dich nicht, das heißt:
  Sorge ist die Furcht, dass alles anders kommen könnte, als wir es erwarten. Die Angst vor der Veränderung. Wir sehen unsere Mitmenschen oft als Feind, nicht als Mitreisende. Das Universum ist eins und wird vom Ego nur in Stücke zerrissen.

* Sei dankbar für die vielen Segnungen, das heißt:
  Die Umgebung bewusst schätzen zu wissen, vom Partner bis zum winzigsten Grashalm, auf den wir täglich treten. Dies öffnet in uns bewusst den Sinn für das überall sprießende und blühende Leben, wenn wir auch das sogenannte *Gute* und nicht nur das *Böse* in jedem Ding und jedem Wesen erkennen.

* Verdiene dein Brot mit ehrlicher Arbeit, das heißt:
  Die innere Welt unterscheidet sich ganz erheblich von der äußeren Welt. *Harte ehrliche Arbeit* in der äußeren Welt bedeutet *Hingabe* in der inneren Welt, wo Härte keinen Platz hat. In der äußeren Welt arbeiten wir auf ein Ziel hin, in der inneren Welt ist dieser Augenblick die einzige Zeit, die wir haben. Es geht um die Achtsamkeit innerhalb unserer alltäglichen Handlungen.

* Sei freundlich zu allen Wesen, das heißt:
  Es gibt keine Hierarchie unter den Wesen, es sei denn die von Menschen gemachte. Das Ergebnis sind Umweltzerstörungen, die globale Erwärmung, nie endende

Kriege und noch viele andere Dinge könnte man aufzählen. Es würde eine endlose Liste ergeben.

Wenn wir das, was uns umgibt, mit positiven Augen betrachten, verwandelt sich die Welt wieder in eine atemberaubende Wunderwelt, die von Liebe lebt.

Freundlichkeit zu allen Lebewesen schließt die Freundlichkeit zu uns selbst mit ein, wir selbst sind es, die dem eigenen Körper die notwendige positive Aufmerksamkeit zukommen lassen sollten.

Dies sind die alten Überlieferungen, die mit dem Ursprung des *Reikis* direkt verknüpft sind.

In vielen Büchern der heutigen Zeit findet man in etwas abgewandte Formen der Lebensregeln, da sie erst vom Japanischen ins Englische und dann ins Deutsche übersetzt wurden.

So heißt es hier z. B. auch: *Gerade heute sei fröhlich oder Gerade heute erwarte das Beste usw.*

Um das an einem Beispiel noch mehr zu verdeutlichen, hat Brigitte Müller in ihrem Buch folgende Formulierungen verwendet:

❀ Gerade heute sei freundlich und glücklich.
❀ Gerade heute freue Dich.
❀ Gerade heute ist für dich gesorgt.
❀ Lebe bewusst im Jetzt.
❀ Nimm Deine Segnung dankbar an.
❀ Ehre Deine Eltern, Lehrer und die Älteren.
❀ Verdiene Dein Brot ehrlich.
❀ Liebe Deinen Nächsten wie Dich selbst.
❀ Sei dankbar für alles und liebevoll zu allen Lebewesen.

Alle Versionen treffen den Kern der *Reiki-Lebensregeln*. Es geht um die Bedeutung der Wortwahl für unser Unterbewusstsein.

Unser Unterbewusstsein kann aus einem gesprochenen *„ich ärgere mich nicht"* kein *„ich bin gelassen und ruhig"* bauen. Das Unterbewusstsein kann die Verneinung von negativen Formulierungen nicht erkennen. Die Worte: kein, nicht, ohne … usw. haben keine Macht negative Worte zu entschärfen bzw. diese in Positives zu kehren.

Aus diesem Wissen heraus wurden die Regeln formuliert und zum Teil erweitert, denn das Unterbewusstsein ist einer der wichtigsten Helfer beim Erreichen von Zielen.

So hat auch die *ICH* bezogene Aussage die größte Wirkung auf uns und auf unser Unterbewusstsein.

Das Entscheidende an den *Reiki Lebensregeln* ist die Betonung des *gerade Heute,* was man auch durch *gerade jetzt* ersetzen kann. Denn in jedem Augenblick haben wir die Wahl und Möglichkeit uns frei zu entscheiden, wie wir leben und welche Konsequenzen unser Handeln, Denken und Sprechen für uns haben wird.

* Wir können uns ärgern oder es lassen.
* Wir können uns sorgen oder die Zukunft loslassen.
* Wir können lügen, stehlen und betrügen oder ehrlich und integer sein.
* Wir können im Nächsten uns selbst und unsere eigenen Schwächen sehen oder ihn als getrennt betrachten.

Jeder Moment trägt mit dazu bei, wie sich unser Lebensweg und unsere Gesundheit gestalten.

Dr. Usui bezeichnete die Lebensregeln als *spirituelle Medizin*, die den Heilungsprozess auf mentaler Ebene unterstützen.

„Menschen, die aus der Hoffnung leben, sehen weiter.
Menschen, die aus der Liebe leben, sehen tiefer.
Menschen, die aus dem Glauben leben,
sehen alles in einem anderen Licht."

Lothar Zenetti

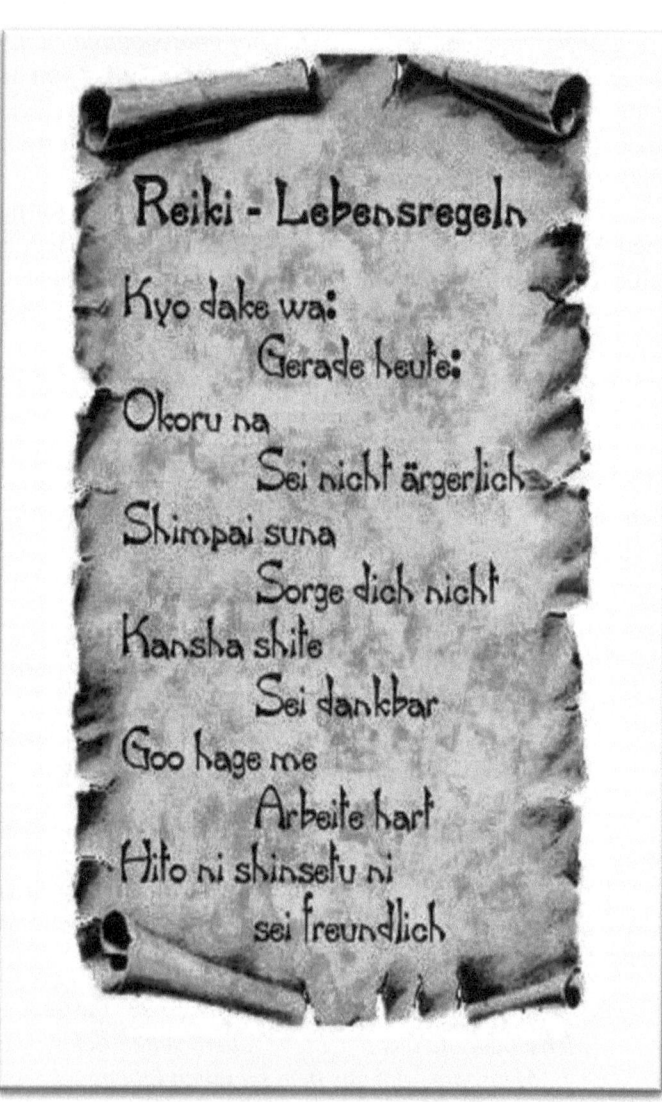

Bild 8: Die Reiki-Lebensregeln der Dr. Mikao Usui.

1.5. Wie wirkt Reiki?

Wie *Reiki* wirkt, kann man nicht genau beschreiben, da die Wirkung zwar nachgewiesen werden kann jedoch nicht die Wirkungsweise. *Reiki* ist auch kein Wundermittel gegen alle möglichen Leiden, als begleitende Heilmethode braucht es normalerweise Zeit, das Innere des Empfängers auszubalancieren.

Dr. Chujiro Hayashi hinterließ in seinen Unterlagen folgende These: *Reiki findet die Ursache der physischen Symptome, gleicht die benötigten Schwingungen aus beziehungsweise füllt diese mit Energie, sodass die Gesundheit wiederhergestellt wird.*

Diese Beschreibung der Wirkungsweise ist einleuchtend, jedoch wissenschaftlich nicht nachweisbar. Die Wirkung von *Reiki* ist bei jedem Menschen anders.

Wird *Reiki* als Hilfe zur Selbstheilung eingesetzt, so sucht sich die Energie einen Weg, um den Menschen ganzheitlich zu heilen. Dabei kann es vorkommen, dass sich die sichtbaren Krankheitssymptome anscheinend nicht verändern. Die *Heilung* der Symptome kann teilweise erst lange nach Beginn der *Behandlung* einsetzen. Oftmals verschlimmert sich das Krankheitsbild auch, klingt dann aber sehr bald ab und die Krankheit ist geheilt bzw. soweit eingedämmt, dass sie keine Folgen mehr hat.

Reiki regt die Selbstheilungskräfte an und verbindet Körper, Geist und Seele. Durch *Reiki* wird unser Innerstes wieder an diese Ursprünglichkeit erinnert - an etwas, was eigentlich schon immer da war und ist.

Der freie Wille des *Reiki* Empfängers wird durch die Reiki Energie niemals beeinflusst. Die *Reiki* Energie fließt bei einer Anwendung dorthin, wo sie am meisten benötigt wird und wie es für den Empfänger angemessen ist.

Reiki entspannt und steigert das innere Wohlgefühl, ist ideal zum Abbau von Stress, Kraft tanken, entspannen und seine innere Ruhe wieder zu finden. *Reiki* ist aber auch ein in Kontakt treten mit der eigenen Intuition, der inneren Stimme, ein spiritueller Weg zu sich selbst.

Das Ziel von *Reiki* ist es also, Harmonie herzustellen auf allen Ebenen des Seins, also im Körper, im Bewusstsein, im Aura Feld und im seelischen Bereich. Das Ergebnis ist Ganzheit, Heilung, Gesundheit und Freiheit von Blockaden.

Reiki (Lebensenergie) ist überall vorhanden, in und um uns. Lebensenergie ist die Grundlage allen Lebens. Unser Körper nimmt sie ständig aus der Umgebung auf, um existieren und seine Aufgabe erfüllen zu können.

Dies ist genauso natürlich wie das Atmen.

Auch durch Atmen wird Lebensenergie aufgenommen. Viele Menschen *vergessen* zu atmen, sie atmen nur flach oder mit geringem Volumen. Dies ist oft ein Grund für eine Unterversorgung mit Lebensenergie.

Ein weiterer Grund für den Mangel an Lebensenergie kann eine Fehlfunktion der Energiebahnen und Energiezentren sein. Energiebahnen (Meridiane) und Energiezentren (Chakren) können verstopfen und ein Energiemangel kann auftreten.

Abwesenheit von Gesundheit ist die Folge und der Körper spricht als helfende Stimme, um den Mangel an Harmonie, an Liebe und Verbundenheit bewusst zu machen.

Hier kann *Reiki* helfen, zur Harmonie zurückzukehren, wenn der Empfänger die Hilfe wirklich möchte, wenn er bereit ist für Wachstum, Veränderung, Bewegung und Selbstverantwortung.

Ohne die innere und äußere Bereitschaft muss der Körper immer wieder signalisieren, weil es seine Aufgabe ist, den Mangel bewusst zu machen.

So gibt es gelegentlich *Spontanheilungen* als Folge einer einzigen Sitzung durch Handauflegen. Geringfügige Leiden wie Kopf- oder Magenschmerzen, Husten und

Muskelschmerzen werden häufig, nicht jedoch immer, innerhalb von Minuten ausgeglichen.

Reiki zu nutzen für das ewige Jetzt, kann uns vergangene oder zukünftige Geschehnisse vergessen lassen. Es ist so leicht, angenehm und erfrischend, in den gegenwärtigen Moment einzutauchen, während wir uns oder andere berühren. Dieser besondere Moment gibt totale Freiheit, fern von guten oder schlechten Erinnerungen, unseren alltäglichen Ängsten und zukünftigen Plänen und Sorgen.

Wie bereits erwähnt, wirkt *Reiki* auf allen Ebenen:

* der körperlichen,
* emotionalen und
* seelischen Ebene.

Bei einer Reiki-Behandlung, egal ob es sich um eine Selbstheilung oder um die Behandlung einer anderen Person handelt, beginnt immer am Kopf und geht dann langsam bis zum ersten Chakra oder eventuell bis zu den Füßen vor.

Im Folgenden wird auf die Wirkung von Reiki, durch die Verwendung von Stichwörtern, auf die jeweiligen Ebenen eingegangen.

Wirkung von *Reiki* auf der *physischen Ebene*
Stressabbau, Entspannung, Beruhigung, Stärkung des Immunsystems, Bewirkung niedriger Krankheitszustände, Reinigung von Giftstoffen, erstaunliche Heilung bei z. B. Neurodermitis, Allergien, Krebs, Nervenreizungen, Asthma, Tumore, Schuppenflechte, beschleunigte Heilung von Wunden.

Wirkung von *Reiki* auf der *psychischen Ebene*
Harmonisierung im Gefühlsbereich, ausgleichend, Gefühle werden lebendiger, erfüllender erlebt, innere Stärke baut sich auf, abgelehnte, verdrängte Gefühle werden bewusst bearbeitet und neue integriert, Stress lässt nach, Liebe wird

fühlbar, größere Feinfühligkeit, Beziehungsheilung, Ängsteabbau, Öffnung und Zentrierung …

Wirkung von *Reiki* auf der *mentalen Ebene*
Intuition entwickelt und verstärkt sich, Entwicklung des eigenen Potenzials, gute Öffnung für Bilder und Ideen, neue Erfahrungen, offen fürs Leben, Kreativität, positive Lebenshaltung, die Lebensaufgabe erkennen, Förderung der Selbstheilungsentwicklung, Wahrnehmen der größeren universellen Zusammenhänge, klare Entscheidungskraft.

Wirkung von *Reiki* auf der *spirituellen Ebene* (anderer, tieferer Aspekt unseres Geistes)
Meditation, feine größere Aura, Verbindung mit höheren Ebenen, Entwicklung der spirituellen Fähigkeiten, Bewusstseinserweiterung, Vertrauen in den göttlichen Plan, die Sinnhaftigkeit des Lebens erkennen.

Als einfache Selbstbehandlungsmethode haben wir *Reiki* jederzeit zur Hand. Schon eine Kurzbehandlung hilft uns Stress abzubauen und gibt uns neue Kraft und geistige Klarheit für den Rest des Tages.

Dabei sei noch einmal unterstrichen *Reiki* ersetzt keinen Arzt oder Heilpraktiker. Es kann aber helfen, die von den Fachleuten vorgeschlagene Therapie zu unterstützen. Dabei ist es gut im Hinblick auf die Heilung daran zu denken, dass Ursache und Wirkung untrennbar sind. Alles ist eins!

Aber mit der Hilfe von *Reiki* lernen wir auch, uns wieder selbst zu lieben, und wir sind in der Lage, diese Liebe zu nutzen, um uns anderen Menschen anzunähern.

Reiki kann ein wunderbarer Wegweiser zu einem unernsten Leben sein. Dabei geht es um das Loslassen, das Entspannen und darum Dinge nicht zu manipulieren oder zu *tun.*

Um sonst heißt es nicht: *Das Lachen jung hält!*

Welches bessere Glück könnte da uns noch widerfahren, wenn wir auf das gegenwärtige Glück bauen und nicht auf das in der Zukunft hoffen. Das Glück ist genau jetzt, genau hier bei uns jederzeit. Einfach in den Ozean des Glücks eintauchen, die Augen schließen und nach innen blicken. In diesem Augenblick ist alles perfekt. In diesem Augenblick ist jeder glücklich.

Es gibt nur das jetzt.

Was vorbei ist, ist vorbei.

Eine reale Tatsache, die immer wieder von uns vergessen wird. Was oder wem nützt es, verpasste Chancen oder Fehlern nach zu trauern oder sich auf Zukunftserwartungen zu konzentrieren, wenn du dadurch den gegenwärtigen Moment nicht erlebst? Wenn Du Dir allzu viel Sorgen um Deine Zukunft machst, denn ist das so, als würdest Du Zinsen zahlen für einen Kredit, den Du noch gar nicht hast. Sicher ist es wichtig, aus gemachten Fehlern zu lernen und sich Ziele zu setzen. Alle Visionen und Ziele haben jedoch nur den einen Sinn, dich gerade jetzt, in diesem Augenblick zu beflügeln. Wir sind nur hier und im jetzt.

Sei deswegen jetzt einmal für eine Minute still. Lass alle Gedanken, soweit es dir möglich ist, los und nehme nur deinen Atem wahr. Erlebe diesen Augenblick und du wirst eine neue Wahrheit erfahren.

Frage dich dann, was deine Wahrheit ist.

Denn nur du kannst entscheiden, welche Heilungsmethode in diesem Moment genau die Richtige ist. Auch die Entscheidung darüber, wie lange und wie häufig du Hilfe von außen benötigst, kannst nur du fällen. Das Abgeben der eigenen Verantwortung an einen anderen führt immer zum Scheitern der Heilung. Übernimm die Verantwortung für die eigene Gesundheit. Lass dich bei deinen Entscheidungen von Deinem Herzen, deiner Intuition, deinen Gefühlen leiten. Der Verstand ist dabei eher ein schlechter Ratgeber.

So wie Studienabschlüsse, Titel und Zertifikate keine Garantie für einen Erfolg bieten.

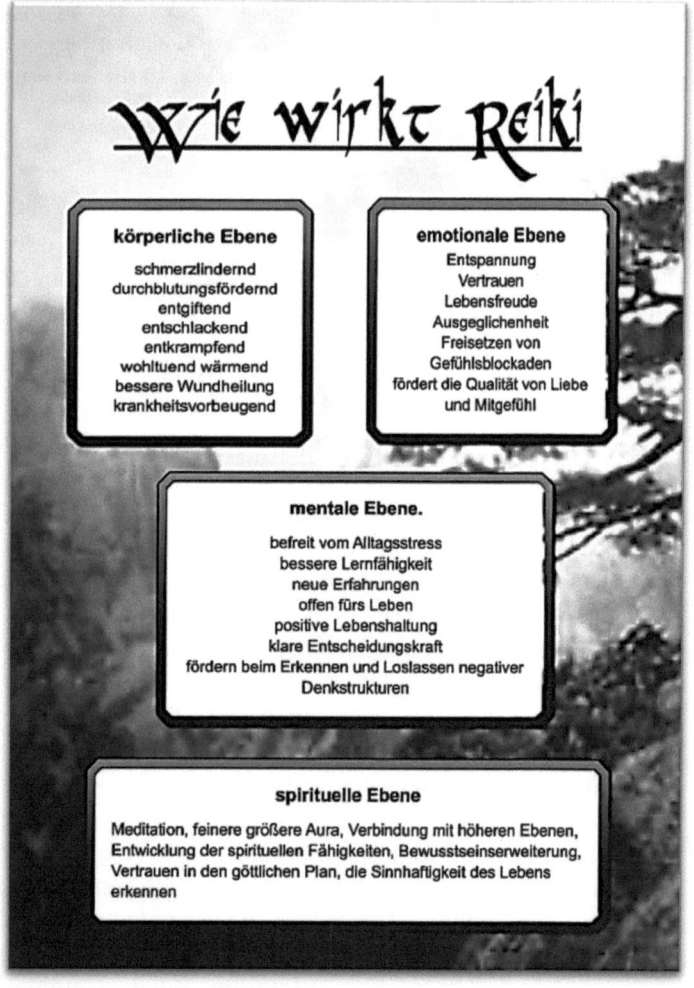

Quelle: Gerda Irini Asbach „Reiki - Heilende Kraft der Hände" www.reiki.de.

Es nutzt keinem, sich in Zukunftsängste oder Hoffnungen zu stürzen, wenn nicht jeder hier und jetzt sein Denken, Fühlen und Handeln entsprechend wählt. Jeder sollte gemäß seiner aktuellen Bewusstheit, an seinem aktuellen Lebensort, seiner inneren Wahrheit und Wahrnehmung vertrauen. Der Wille ist dabei der Garant für die Aufrichtigkeit für das Herangehen für das Leben im Jetzt und Hier.

„Was Du tust, erscheint vielleicht nicht wichtig;
aber es ist sehr wichtig, dass Du es tust."

Mahatma Gandhi

1.6. Reiki Symbole - Kraftsymbole

Viele Meister und Anwender betrachten die *Reiki Symbole* als heilig und bestehen auf die Tradition die *Reiki Symbole* geheim zu halten. Die *Reiki Symbole* sollen nur für Reiki Anwender sein die, die *zweite Reiki Einweihung* erhalten haben.

Die Vorstellung, mittels Symbolen Energie zu manifestieren, scheint auf den ersten Blick merkwürdig, obwohl geometrische Formen seit Langem bekanntermaßen bestimmte energetische Eigenschaften besitzen. Wir alle haben schon von Geheimformeln, der Numerologie und den großen Pyramiden in Ägypten und der Azteken in Südamerika gehört. Und nicht nur das, wir sind ständig von allen Formen der Energie umgeben, und vergessen häufig, wie nützlich diese für uns sind.

Denken wir nur an die Entdeckung der Elektrizität. Ja was würden wir ohne dieser machen? Wir würden noch bei Kerzenschein in unseren Wohnzimmern sitzen oder auf dem Holzfeuer unsere Speisen zubereiten. Dieses Beispiel könnte man mit der Entdeckung der elektromagnetischen Wellen oder weiteren Erforschungen fortsetzen, die dazu beitragen unser Leben angenehmer zu gestalten.

Wie schon zuvor erwähnt, handelt es sich bei den *Reiki-Symbolen*, die wie ein Punktscheinwerfer agieren, um Energie einer bestimmten Qualität auf einen bestimmten Punkt unserer Wahl zu konzentrieren, um ein streng gehütetes Geheimnis.

Nun sind aber bereits die *Reiki Symbole* in vielen Büchern und auf Webseiten präsentiert und beschrieben worden.

Wie vereinbart sich das mit dem vorher Gesagten?

Die Kenntnis, über die *Reiki Symbole* bedeutet, noch lange nicht, dass diese von Nichteingeweihten missbraucht werden können. Die Befürchtung ist unbegründet, da diese ihre Kraft nur für Eingeweihte entfalten. *Reiki Symbole* und die Informationen über diese sind also für nicht Eingeweihte ohne Wert.

Dies wurde auch in unterschiedlichen Tests nachgewiesen. *Reiki Symbole* wurden Menschen ohne *Reiki* Erfahrung und Einweihung gezeigt und offenbart. Sie wurden gebeten, sich diese zu merken und sie anschließend zu verwenden. Eine Kontrollgruppe wurde ebenso gebeten, die ihnen durch ihre Weihe bekannten Symbole einzusetzen. Das Resultat zeigte eindeutig das die *Reiki Symbole* erst durch die Einweihung ihre Kraft und Energie für uns Menschen offenbaren.

Reiki Symbole sind wie ein Schlüssel, der die Tür zu einem höheren Verstand öffnet. Man kann sie auch wie ein Schalter verstehen, wenn man diesen Schalter betätigt, wird automatisch ein Programm gestartet, das viele Teilschritte unweigerlich ablaufen lässt.

Die *Reiki Symbole* lösen eine Aktion, eine Absicht aus und helfen uns, das gewünschte Ziel schneller zu erreichen.

Mithilfe von *Reiki* kann man jedoch weder eine Situation noch einen Menschen manipulieren. Es sei gesagt, das *Reiki* sich nicht als Hilfsmittel der Zauberei eignet, weil *Reiki* nicht zielorientiert ist.

Die größte Magie besteht darin, einfach wir selbst
zu sein.

Heute gibt es viele Formen von *Reiki* und einige haben ihre eigenen Symbole. Im *traditionellen Reiki* gibt es vier Symbole, drei werden bei der Einweihung in den zweiten Grad vermittelt, und das Meistersymbol wird in der dritten Weihe weitergegeben.

Die Symbole basieren zum Teil auf dem japanischen Schriftsystem *Kanji*.

Sie sollen so gezeichnet und wiedergegeben werden, wie man sie durch seinen Meister in der zweiten und dritten Einweihung erhalten hat.

Es kann Abweichungen der Zeichen geben, diese entstanden im Laufe der Zeit durch das Weitergeben von den verschiedenen Meistern. Diese Abweichungen stellen aber kein Problem für die *Reiki Symbole* und deren Kraft und Wirkung dar, da es keine 100 % richtige oder falsche Schreibweise gibt.

Also keine Bange beim Auftreten von Abweichungen in den *Reiki Symbolen*, die dahinter stehenden *Reiki Mantras* sind immer die Gleichen.

Deswegen sind alle Symbole richtig und funktionieren, denn das Wichtige daran sind die kraftvollen Mantren für die die Symbole des Reikis stehen.

Das Wort *Reiki* ist in Japan kein *Allerweltsbegriff.* Es stammt von einem uralten schintoistischen Mantra ab, das denjenigen beschützt, der es beschwört. Das weist darauf hin, dass das Wort *Reiki* als solches bereits ein Symbol, ein Schutzzeichen ist.

Es gibt folgende *Reiki Symbole*:

* das Symbol „*ChoKu Rei*"
* das Symbol „*Dai KoMio*"
* das Symbol „*Hon Sha Ze Sho Nen*"
* das Symbol „*Sei HeKi*"
* das Symbol „*OM*" (auch Aum)

Die *Reiki Symbole*, wie auch andere Symbole haben wichtige Funktionen zu erfüllen. Sie entfalten symbolische Kräfte bei der Anwendung.

Welche Funktionen haben nun die einzelnen *Reiki Symbole* zu erfüllen:

Das Reiki-Symbol *ChoKu Rei*

Das Symbol *ChoKu Rei* ermöglicht die Übertragung der Heilenergie ungeheuer zu verstärken. Es ist das Symbol für die Energie und Kraft.

Es ist das stärkste *Reiki Symbol*, das einzige, das allein verwendet werden kann.

Das Reiki Symbol *ChoKu Rei* wird immer dann benutzt, wenn *Reiki Energie* fließen soll. Dieses Symbol verändert die Qualität der Lebensenergie. Wendet man *ChoKu Rei* an, so wirkt *Reiki-Energie* stark aktivierend, das heißt, dass der aktive Aspekt der *Reiki Energie* stärker betont wird.

ChoKu Rei wird sinngemäß wie folgt übersetzt:

* *Cho* - das Krummschwert, das eine geschwungene Linie zieht.
* *Ku* - Eindringen, um ein Ganzes zu schaffen, wo nichts ist.
* *Rei* - Geist, mysteriöse Kraft.

Dieses Zeichen wird auch in einem geheimen Zweig des Schintoismus namens Ko-Shinto benutzt.

Das Reiki Symbol *Dai KoMio* (Meister Symbol)

Das Symbol *Dai KoMio* kann mit seiner Energie den Weg zur inneren Meisterschaft weisen und dabei helfen zum *hell (erleuchtenden) Menschen* zu werden.

Das Meistersymbol hat mehrere Bedeutungen. Am meisten verbreitet ist das *große scheinende Licht*. Eine andere Übersetzung bedeutet *Großes allumfassendes Universum scheine auf bzw. durch mich.* Im Zen ist es das Symbol für die Natur Buddhas in einem Selbst und im Zustand der Erleuchtung.

Da KoMio ist eines der stärksten Symbole auf dieser Welt zur Verbindung mit der universellen Lebensenergie und zum Anfachen unserer Sehnsucht nach Stille. Es ist das Zentralmantra und Meistersymbol des *Reikis*. Es wird *Reiki-Schülern* erst bei der Einweihung zum dritten Grad offenbart.

Das Symbol *Dai KoMio* ist das Herz des *Reikis*. Das Meistersymbol bewirkt eine Öffnung zu unserem eigenen inneren Meister, unserer wahren Natur. Der Versuch die Bedeutung und Wirkungsweise des *Reiki Meistersymbols Dai KoMio* zu beschreiben muss unvollkommen bleiben, da es intellektuell nicht zu verstehen ist. Wissen tun wir aber sicher, es ist das große scheinende Licht.

Dai KoMio wird sinngemäß wie folgt übersetzt:

* *Dai* - die Kraft ist mit mir.
* *KoMio* - die Kraft und ich sind eins.

Das Reiki Symbol *Hon Sha Ze Sho Nen*

Das Symbol *Hon Sha Ze Sho* dient in erster Linie zur Fernheilung / Fern-Behandlung.

Das Reiki Symbol *Hon Sha Ze Sho Nen* ist das komplizierteste Symbol des *Reiki*. Es ist ein japanischer Kanji und stellt den menschlichen Körper dar, der die Chakren und die fünf Elemente enthält.

Hon Sha Ze Sho Nen, ist das *Reiki Symbol* und das *Mantra* zum Überbrücken von Zeit und Raum. Es hat die Aufgabe, Kraft und Energie über Raum und Zeit hinweg fließen zu lassen, also Verbindung herzustellen. Es leitet die Energie zum Bewusstsein und zum Mentalkörper. Dieses *Reiki Symbol* ist somit ein *Kontaktsymbol*. Es erleichtert die Kontaktherstellung.

Mit dem *Reiki Symbol Hon Sha Ze Sho Nen* kann heilende Lebensenergie an den Menschen geschickt werden, der räumlich nicht anwesend ist. Aber auch vergangene Ereignisse und Situationen (die Teile unseres persönlichen Unbewussten sind), können mit der *Reiki-Energie* versorgt werden - ebenso wie zukünftige Situationen. Mithilfe dieses Symbols kann auch das eigen innere Kind geheilt werden.

Das Symbol ist der Schlüssel um Reiki auf Distanz - Fernbehandlung, in die Vergangenheit oder in die Zukunft zu senden.

Hon Sha Ze Sho Nen wird sinngemäß wie folgt übersetzt:
* *Hon* - der Ursprung, der Beginn.
* *Sha* - leuchten.
* *Ze* - auf dem richtigen Kurs vorangehen.
* *Sho* - das Ziel.
* *Nen* - die Stille, Ruhe im Sein.

Das Reiki Symbol *Sei HeKi*

Das Symbol *Sei HeKi* stellt einen Drachen dar und dient vorwiegend der Mental-Behandlung und der Harmonisierung. Dieses Symbol fördert die energetische Harmonisierung auf allen Ebenen. Überall dort, wo ein Energieüberschuss besteht, wirkt das *Mantra Sei HeKi* beruhigend. Ist beispielsweise ein Chakra überaktiv, so verhilft das zweite Symbol zu einer Normalisierung der Chakrenaktivität. Ebenso kann es eingesetzt werden, um sich zu beruhigen. Sei es in Stresssituationen oder wichtigen Terminen.

Deswegen ist sein Gebrauch bei jeder *Reiki-Anwendung* sinnvoll.

Die Umwandlung der Emotion ist der zweite Schritt auf dem Weg zur Erleuchtung. Das Feuer der Weisheit des *Reiki-Symbols* reinigt den Schüler und erhebt ihn auf ein neues Bewusstseinsniveau.

Sei HeKi wird sinngemäß wie folgt übersetzt:

* *Sei* - Embryozustand, im Verborgenen liegende Dinge.
* *HeKi* - aus dem Gleichgewicht Geratenes ausbalancieren.

Der linke Teil des Symbols *Sei HeKi* stellt *Yang* dar und unsere linke Seite des Gehirns (Logik, Struktur, lineares Denken usw.). Die rechte Seite des Symbols *Sei HeKi* stellt *Yin* und unsere rechte Seite des Gehirns dar (Fantasie, Gefühle, Intuitionen usw.).

Das Reiki Symbol „*OM*" (Kraftsymbol)

Das Kraftsymbol (und Mantra) *OM* zieht Schutz und Frieden an. Es kann auch die Reiki Energie unterstützen und sich mit der universellen Lebenskraft verbinden.

Der Klang des *OM* steht für den transzendenten Urklang, aus dessen Vibrationen nach hinduistischem Verständnis das gesamte Universum entstand.

Das *OM* bezeichnet die höchste Gottesvorstellung, das formlose Brahman, die unpersönliche Weltseele.

OM ist das umfassendste und erhabenste Symbol der hinduistischen Metaphysik und wurde zum ersten Mal in den Upanishaden verwendet. Später wurde *OM* als die Verbindung der drei Klänge u. a. m. zum Objekt mystischer Meditation. Unter anderem symbolisiert es die Triade von Vishnu, Shiva und Brahma.

In allen hinduistischen Religionen gilt es als das heiligste aller Mantren und Symbole.

Die Punkte symbolisiert Ganzheit.

Quelle: Barbara Maria Piel „Reiki-Symbole" Synergie Verlag 2002.

Der Halbkreis unter dem Punkt symbolisiert Unendlichkeit - das begrenzte Denken vermag nicht die Ganzheit zu erfassen.

Die kleine Kurve in der Mitte symbolisiert die Bindeglieder zum Ganzen.

Die größeren Kurven darunter symbolisiert die materielle Welt.

Die Kurve rechts davon symbolisiert die Träume.

„Symbole sind Gleichnisse, Schlüssel und Botschaften an das Unbekannte. Kraftvolle Zeichen, mit starker Aussagekraft, als es jemals die Sprache schafft."

Ernst-Ulrich Hahmann

1.7. Die Grade des Usui Reiki Systems.

Neben der Nutzung der Symbole wird *Reiki* in drei, manchmal in vier Grade eingeteilt, wie Treppenstufen. Aber die konkrete Beschäftigung mit dem Inhalt dieser Grade möge den Eingeweihten vorbehalten bleiben. Es würde an dieser Stelle das Vorhaben sprengen, was durch dieses Buch bezweckt werden soll.

Reiki Energie ist immer vorhanden und braucht eigentlich auch gar nicht gelehrt zu werden. Jedes Lebewesen hat von Natur aus das Potenzial für den Zugang von *Reiki*.

Der *Reiki Lehrer* stellt sich in den sogenannten Einweihungen zur Verfügung, um den *Reiki Kanal* zu öffnen und zu reinigen.

Reiki basiert auf Energieübertragungen ähnlich dem *Kriya-Yoga*, sogenannter Einstimmungen oder Initiationen. Durch die Einstimmungen (auch oft Einweihungen genannt) soll der in jedem Menschen natürlich vorhandene

Reiki Kanal von Blockaden gereinigt werden und somit die Möglichkeit geschaffen werden, *Reiki* durch die Hände weiterzugeben. Mit Ausnahme der *Meisterausbildung* und der *Ausbildung zum Reiki-Lehrer* werden die verschiedenen *Reiki Grade* in Wochenendseminaren unterrichtet. Zwischen der Ausbildung bzw. in die Einweihung zu den einzelnen Graden sollte mindestens ein Jahr Reifezeit liegen.

Das *Usui Reiki System* ist in mehrere Grade unterteilt. Jeder *Reiki Grad* ist in sich komplett. Somit hat der Schüler schon nach dem ersten Grad die Möglichkeit, effektiv *Reiki* für sich und andere anzuwenden. In meinen Ausführungen möchte ich dieses Thema nur kurz streifen:

* Der erste Grad *(Reiki 1)* ist für die körperlichen Aspekte (mehr Energie für alle Zellen).
* Der zweite Grad *(Reiki 2)* ist für die geistigen Aspekte.
* Der dritte Grad *(Reiki Meister)* ist für die Zusammenführung von Körper, Geist und Seele.

Es muss dazu gesagt werden, dass jede Person die Aktivierung anders erlebt. Sie kann sich in verschiedenen Gefühlen wie Liebe, Harmonie, Kraft, gesteigerte Lebensfreude, mehr Offenheit ... ausdrücken. Es gibt noch weitere *Reiki-Grade*, die möchten aber denen vorbehalten bleiben, die sich mit der Reiki Praktizierung aktiv beschäftigen wollen. Es haben sich mittlerweile Schulen entwickelt, die diese Grade weiter aufgeteilt oder mit anderen Systemen vermischt haben. Bei Abänderungen des Systems kann man möglicherweise nicht mehr von *Reiki* sprechen. Usui selbst hat sein *Reiki System* als in sich geschlossen und vollständig bezeichnet.

> *„Es ist unglaublich,*
> *wie viel Kraft die Seele*
> *dem Körper zu verleihen vermag."*
>
> Wilhelm von Humboldt

1.8. Rechtliche Grundlage

Reiki kann in allen Situationen bei Menschen, Pflanzen, Tieren, Dingen, in vergangenen und zukünftigen Situationen gefahrlos angewandt werden, doch ist es kein Ersatz für professionelle medizinische Behandlung. In vielen Ländern dürfen Massagen oder (psychische) Heilsitzungen nur von medizinischen Therapeuten vorgenommen werden, die vom Staat anerkannt sind. Dies trifft auch für *Reiki* zu.

Welche Regelung besteht nun in der Bundesrepublik Deutschland?

Lange Jahre war die rechtliche Situation so, dass sich *Reiki* und andere Formen des geistigen Heilens in einer juristischen Grauzone befanden. Sobald es rechtlich um Gesundheit ging, um Heilung, war dies ausschließlich den Ärzten und Heilpraktikern vorbehalten. Manche, die anderen gerne *Reiki* geben wollten, um sie auf ihren Weg der ganzheitlichen Heilung zu unterstützen, machten deswegen den sogenannten *Heilpraktikerschein*, eine schulmedizinische Prüfung, die eigentlich mit dem Handauflegen und mit geistigen Heilen nichts zu tun haben.

Mit der Grundsatzentscheidung des Bundesverfassungsgerichtes vom 2. März 2004 wurde eindeutig entschieden, dass Heiler arbeiten dürfen und dass zum Ausüben geistigen Heilens keine *Heilpraktiker* Erlaubnis nötig ist *(www. bverfg. de / entscheidungen / rk 20040302 - 1 bvr 0784)*.

Der Heiler ist dafür verantwortlich: *dass der Patient ihn nicht für einen Arzt hält und geistiges Heilen nicht mit ärztlicher Heilkunde verwechselt.* Der Klient ausdrücklich darauf hingewiesen wird, dass er sich zwecks Diagnose und Behandlung mit dem Arzt seines Vertrauens in Verbindung zu setzen hat.

Aus diesem Grund verlangte das Bundesverfassungsgericht vom Heiler aufklärende Hinweise. Der Heiler hat dabei die Wahl:

❋ Entweder gibt er dem Patienten vor (!) dem Beginn der Behandlung ein entsprechendes Merkblatt oder
❋ der Heiler bringt gut sichtbar (!) einen Aushang in seinem Behandlungsraum an.

Damit ist der Heiler laut Aussage des Bundesverfassungsgerichtes auf der gesetzlichen Seite. Eine noch bessere Lösung ist die Unterzeichnung eines entsprechenden Merkblattes, aber nicht zwingend notwendig.

Nach geltendem Recht (ohne Approbation oder HP-Zulassung) ist/sind verboten:

❋ Diagnosen, wie z. B. Analysen durch Radionik.
❋ Irreführung, dass die *Reiki Behandlung* möglicherweise den Arztbesuch ersetzt.
❋ Verordnungen von Bachblüten, Essenzen oder anderen Mitteln, die als Heilmittel benutzt werden sollen.
❋ Werbung mit Krankengeschichten oder Dankschreiben.
❋ Werbung mit der heilenden Wirkung bestimmter Gegenstände.

Dies bedeutet für die rechtliche Situation des Reiki-Praktizierenden in Deutschland:

Wer die Selbstheilungskräfte des Patienten durch Handauflegen aktiviert und dabei keine Diagnose stellt, benötigt keine Heilpraktiker Erlaubnis.

Zusammenfassend kann man sagen:

❋ *Reiki* ist noch keine medizinisch anerkannte Methode der Energieübertragung.

- *Reiki* ist auch keine Heilmethode wie vielfach beschrieben. Vielmehr wird durch *Reiki Energie* eine optimale Energieversorgung aller Zellen erreicht, dies wiederum aktiviert und verstärkt die körperlichen Selbstheilungskräfte, was zu einer deutlich schnelleren Heilung führt.
- Es gibt keine Heilversprechen, selbst Ärzte tun das nicht.
- Es dürfen keine Diagnosen und auch keine Aussagen zu Medikamenten gemacht werden, außer der *Reiki-Anwender* ist Arzt oder Heilpraktiker.
- Hinweise für eine Beratung bei einem Arzt oder Heilpraktiker sind bei bestimmten Auffälligkeiten gestattet.
- Man darf bei *Reiki* nicht von einer Heilkunst oder Heilmethode sprechen. Man darf auch nicht *Reiki Behandlung* oder *Reiki Patient* sagen. Im Allgemeinen wird von *Reiki Anwendung* oder *Reiki Sitzung* und *Reiki Empfänger* gesprochen. Eine sehr schöne Bezeichnung kommt aus dem Amerikanischen und nennt sich *Energiearbeit oder Körperarbeit*.

Besser wie mit den Worten: *„Wer heilt, hat recht!"* kann man diese Kapitel nicht abschließen. *„Das einzige Maß der Wahrheit ist die Wirksamkeit."*

„Der Beginn aller Wissenschaften ist das Erstaunen, dass die Dinge sind, wie sie sind."

Aristoteles

1.9. Erfahrungen der Reiki Anwendung in der Praxis

Reiki ist das ideale Mittel, um nicht krank zu werden und lange zu leben, und zwar mit hoher Lebensqualität. Es ist ein individuelles Gesundheitssystem nicht nur zur Heilung, sondern auch zur Vorbeugung von Krankheiten.

Reiki baut Stress ab und befähigt uns mit stressenden Situationen besser klarzukommen. Außerdem führt es zu mehr Selbstbewusstsein, inneren Frieden und Glück, stärkt das Immunsystem und aktiviert die Selbstheilungskräfte.

Worte sind nur begrenzt in der Lage, die höheren Bewusstseinsebenen erfahrbar zu machen, um die es bei *Reiki* geht. Sie können nur Wegweiser sein, die eine bestimmte Richtung anzeigen. Doch auch Wegweiser können uns voranbringen und uns in eine positive Richtung lenken. *Jeder Mensch besitzt die Fähigkeit, sich selbst zu heilen.* Dazu ist es aber notwendig, die Verantwortung für den eigenen Körper zu übernehmen.

Es ist egal, ob ihr Nachbar schon wieder ein neues Auto fährt oder zum zigsten Mal in der Karibik war, schenke dem keine Beachtung. Lenke deine Aufmerksamkeit auf dich selbst und schätze ihren Wert. Erfreue dich immer wieder aufs Neue an einfachen Dingen, die fast schon alltäglich geworden sind. Je öfter du das tust, umso besser wirst du dich fühlen.

In diesem Buch verzichte ich bewusst auf Erfahrungsberichte. Jeder Mensch ist individuell, was dem einen hilft, muss noch lange nicht beim anderen auch so sein.

Und genauso ist das auch mit *Reiki*.

Außer *Reiki* gibt es noch zahlreiche andere Methoden in Eigenverantwortung etwas für das Wohl des eigenen Körpers zu. Dies ist z. B.: *Japanisches Fingerströmen, Yoga, Tai-Chi, Bauchatmung, Achtsamkeitsübungen* um nur einige zu nennen.

Finden Sie heraus, was ihnen gut tut.

Fangen Sie an!

Nicht irgendwann, sondern jetzt! Sie haben es selbst in der Hand! Tun sie es! Auch wenn Sie wenig Zeit haben, *etwas* zu tun, ist es haben, als *Garnichts* zu tun!

> *„Das Wunderbarste an den Wundern ist,*
> *dass sie manchmal wirklich geschehen.*
>
> Gilbert Keith Chesterton

1.10. Häufig gestellte Fragen

Immer wieder tauchen Fragen auf, die sich aus der *Reiki* Problematik ergeben. Sie resultieren aus der Unkenntnis heraus, aber auch aus dem Wissensdrang mehr über *Reiki* zu erfahren.

Ich möchte hier den Versuch unternehmen, diese zur Zufriedenheit des Lesers zu beantworten. Es gibt Leser, die keine Zeit haben oder es mühselig finden sich mit dem Text des gesamten Buches zu beschäftigen, aber dennoch eine Antwort auf ihre Fragen bekommen möchten.

Was ist Reiki?

Wie wirkt Reiki?

Wie bekomme ich Reiki?

Wie fühlt sich Reiki an?

Für wen ist Reiki geeignet?

Was ist der Unterschied von Reiki zu anderen Heilmethoden?

Ich bin im Moment nicht krank, ist Reiki trotzdem etwas für mich?

Wird Reiki von der Krankenkasse bezahlt?

Ersetzt Reiki den Arztbesuch?

Gibt es Nebenwirkungen?

Hat Reiki etwas mit einer Sekte zu tun?

Wie lange dauert eine Reiki-Anwendung und welche Kosten können dabei auftreten?

Kommen wir nun zur Beantwortung der einzelnen Fragen, auch auf die Gefahr hin, des sich Wiederholens, des bereits auf den vorliegenden Seiten genannten. Sicherlich ist eine Zusammenfassung bzw. konkretere Aussage in diesem Fall sinnvoll.

Was ist *Reiki*?

Reiki ist Lebensenergie, die meist durch Handauflegen *(ohne das die Hand den Körper berührt)* übertragen wird. Es ist der Strom der Schöpfung, der alles, was damit in Berührung kommt, in die Lage versetzt, sich auf sein eigentliches Wesen zu besinnen. *Reiki* ist die Freude, ist die Kraft des mit der Welt gefüllten Lächelns. Es ist körperliche, geistige und seelisch wirkende Poesie. *Reiki* öffnet eine Tür auf dem Weg zur Heilung.

Wie wirkt *Reiki*?

Jeder Mensch reagiert anders auf die Anwendung von Reiki.

Das Auflegen der Hände eines Menschen, der in *Reiki* eingeweiht ist, ist die Bitte um das Fließen der Lebensenergie. Er stellt das Bindeglied vom Klienten zur *Reiki-Kraft* dar. So bekommt der, dem die Hände aufgelegt werden, die Gelegenheit sich auf seinen eigentlichen Kern, auf sein eigentliches *„Ich"* zu besinnen.

Die Energie fließt in diesem Moment dahin, wo sie am meisten gebraucht wird. Alles, was dem heilenden Wesen im Wege steht, wird „angegangen", in genau der Dosis und dem Tempo, das genau diese Person, der gerade die Hand aufgelegt wird, zu genau diesem Zeitpunkt benötigt.

Auf der Ebene des Körpers bedeutet das meist einen immensen Anstieg der *Selbstheilungskräfte*.

In den allermeisten Fällen wird nach einer *Reiki-Sitzung* die stärkere Ausscheidung von Schadstoffen wahrgenommen, so zum Beispiel ein intensiver riechender Stuhl und Urin oder deutlicheren Körpergeruch für einige Zeit. Man ist meist durstiger, weil Wasser als Trägersubstanz zum Ausscheiden benötigt wird.

Eine Folgeerscheinung kann auch ein tieferer Schlaf und ein höheres Schlafbedürfnis sein.

Aber auch merkbare Wirkungen auf geistig-seelischem Gebiet durch Klarheit und Freuden sind zu verzeichnen.

Es kann aber auch eine Verschlechterung der vorhandenen Symptome auftreten, die sich nach weiteren *Reiki-Sitzungen* spürbar zum Positiven wenden.

Dies kann man vergleichen mit einem Kleiderschrank, in dem völliges Chaos herrscht. Um in diesem wieder die Ordnung herzustellen, müssen die durcheinander liegenden Kleidungstücken herausgeräumt werden, also es entsteht erst einmal eine noch größere Unordnung, ehe sie dann fein säuberliche ausgerichtet wieder eingeräumt werden.

Nach dem Chaos folgte die Ordnung, eine parallele zur Verschlechterung der Symptome bei der *Reiki-Anwendung*.

Als Fazit kann man feststellen, dass die möglichen Folgen einer *Reiki-Sitzung* einzigartig für jeden sind.

Wir können uns helfen lassen, aber nur durch unsere eigene Einstellung können wir viel dazu beitragen!

Wie bekomme ich *Reiki*?

Durch eine, in die *Reiki* eingeweihte Person. Dies kann durch eine Anwendung oder durch eine Einweihung erfolgen.

Bei der Beantwortung der Frage möchten wir aber nur auf die Anwendung bzw. Sitzung eingehen.

Die Anwendung ist der Kontakt mit der geordneten Lebensenergie für die Dauer einer Sitzung. Diese Sitzung können bereits Personen durchführen, die den ersten Grad besitzen.

Eine *Reiki-Anwendung* bedeutet, sich zeitweise in den Fluss der *Reiki-Kraft* zugeben. Die Öffnung dafür ist das Beschreiten eines ganz persönlichen Weges und hat eine reinigende Wirkung auf alle Ebenen des Lebens.

Wie fühlt sich *Reiki* an?

Reiki kann man nicht fühlen, das, was wahrgenommen wird, sind die Folgen, also das, was durch den Kontakt mit *Reiki* geändert wird. Die Auswirkungen sie sind jedes Mal anders. Weil bei jeder Anwendung verschiedene Dinge passieren können, kann sich die Wirkung von *Reiki* auch ganz verschieden anfühlen.

Selbst, wenn es so sein sollte, dass man in mehreren *Reiki-Sitzungen* dasselbe fühlt, zum Beispiel ein wohliges Kribbeln an einer bestimmten Körperstelle, muss das nicht in jeder *Reiki-Sitzung* so sein.

Bestimmte Dinge während einer *Reiki-Sitzung* zu fühlen ist ein Anzeichen dafür, dass *etwas passiert*. Es ist aber nicht notwendig, etwas zu spüren. Alles Kribbeln, Zucken, Pulsen und Strömen, das wahrgenommen werden kann, ist nicht *Reiki*, sondern seine spezielle Wirkung zu genau dem Zeitpunkt, für genau diesen einen Menschen. Derselbe Mensch kann bei der nächsten *Reiki-Anwendung* ganz andere Empfindungen haben.

Wird zum Beispiel Wärme wahrgenommen, kann man davon ausgehen, dass vorher ein *Defizit an Energie* vorgelegen haben muss. Wird *Reiki* als angenehme Kühle empfunden, handelt es sich um einen Energiestau, der aufgelöst wurde. Diese Empfindungen des Handauflegens sind keine *Diagnose*, sondern höchstens Nachdenkens werte Hinweise.

Es kann auch passieren, dass man gar nichts fühlt. Das bedeutet aber nicht, das *Reiki* nicht geflossen ist. Das bedeutet nur, dass bei diesem Mal *Reiki* an Stellen gewirkt hat, deren Veränderung nicht mit einer Gefühls-Rückmeldung verbunden war.

Auf der Ebene des Geistes und der Seele kann man die Wirkung von *Reiki-Sitzungen* in den meisten Fällen mit Beruhigung, Freude, inneres Lächeln und Zufriedenheit beschreiben. Strahlende Augenpaare, die vorher getrübt wirkten, unterstreichen dies noch.

Durch die unterschiedlichen Wahrnehmungen ist es angebracht, dass sich der Behandler mit dem Behandelten nach der Anwendung, darüber austauscht.

Für wen ist *Reiki* geeignet?
Jeder kann zu jeder Zeit einen Zuwachs an Lebensenergie und Freude auf allen Ebenen gebrauchen.

Im besten Falle werden durch den Kontakt mit *Reiki* Entscheidungen getroffen, die ansonsten nur nach Auftreten von Schmerzen getroffen worden wären. Deshalb ist es wirklich nicht nötig, auf eine *Reiki-Anwendung* zu warten, bis körperliche Beschwerden auftreten.

Das Auftreten von körperlichen Beschwerden ist immer ein Beweis dafür, dass etwas nicht *im Fluss* ist. Spätestens dann ist eine *Reiki-Anwendung* für jeden sinnvoll. Sie wirkt begleitend und unterstützend zu allen Therapieformen als *Wirkungsverstärker, Beschleuniger* oder als *auf dem Weg-Helfer* zum Finden des richtigen persönlichen Weges gut einsetzbar.

Jedes Lebewesen, auch Haustiere und Pflanzen sind in jeder Situation sehr dankbar für die Wirkung von *Reiki*.

Auch zur energetischen Reinigung von Speisen und Räumen ist *Reiki* sehr gut einsetzbar.

In diesem Zusammenhang ist aber auch zu erwähnen, in welchen Fällen *Reiki* nicht die richtige Wahl ist:

❋ Bei Depressionen und Psychosen.

❋ Bei noch nicht eingerichteten Knochenbrüchen wäre Reiki fehl am Platz, weil unter der Wirkung von *Reiki* das Zusammenwachsen meist viel schneller vonstattengeht, das ist aber bei verdrehten Knochen nicht erwünscht.

❋ Während einer Operation, weil die Narkosezeit evtl. verkürzt wird.

Was ist der Unterschied von *Reiki* zu anderen Heilmethoden?

Reiki ist keine Heilmethode, sondern die *heilende Kraft* selber. Es unterstützt die Wirkung aller anderen, spezifischen Heilmethoden. Sowohl energetisch wirkende wie stoffliche Heilbehandlungen sind gut mit *Reiki* kombinierbar.

Ich bin im Moment nicht krank, ist *Reiki* trotzdem etwas für mich?

So ähnlich, wie eine großartige Massage in jedem Fall gut tut, nicht nur, wenn der Muskel verspannt ist, tut die Entspannung im geistigen Bereich, die bei *Reiki* Eintritt in jeder Lebenslage gut. Es ist immer gut, sich zu entspannen, bevor gespannte Gedanken sich in körperlichen Beschwerden zeigen.

Wenn keine körperlichen Beschwerden akut bearbeitet werden müssen, hat Ihr Energie-System bei einer *Reiki-Behandlung* die Gelegenheit, aufzuräumen, was *liegen geblieben* ist. Zum Beispiel könnten irgendwo im Körper oder im Geist zwischengelagerte Schadstoff-Deponien abgetragen werden.

Eine *Reiki-Anwendung* hat eine Wirkung, die viele mit der Wirkung von ein paar Tagen Urlaub vergleichen.

Wird *Reiki* von der Krankenkasse bezahlt?

Nein. Bislang nicht. Aber in Zeiten, wo inzwischen Akupunktur und andere Heilmethoden von den Krankenkassen bezahlt werden, besteht die Hoffnung, dass in nicht allzu langer Zeit, es *Reiki* oder ähnliche energetische Heilmethoden *auf Krankenschein* geben wird.

Ersetzt *Reiki* den Arztbesuch?

Reiki kann und will nicht den Arztbesuch ersetzen. Es kann jedoch unterstützend bei der Heilung wirken. *Reiki* erhöht die Selbstwahrnehmung von Körper, Geist und Seele und dem Arzt kann durch die genauere Rückmeldung der Symptome bei seiner Arbeit geholfen werden.

Es mag zutreffen, das *Reiki* spätere Arztbesuche überflüssig macht, weil es präventiv geholfen hat. Bestehende Krankheitsbilder sollten auf jeden Fall von dem behandelnden oder dem Hausarzt untersucht werden.

Gibt es Nebenwirkungen?

Es gibt keine Nebenwirkungen im herkömmlichen Sinne. Die Wirkungen, die sich bei jeder Behandlung auf allen Ebenen von Körper, Geist und Seele einstellen, sind jedoch bei jedem Menschen verschieden. Wenn es für *Reiki* einen Beipackzettel geben würde, könnte auf ihm geschrieben stehen:

* Manchmal gibt es Reinigungsaktionen, das Ausscheiden von *Altlasten,* die körperlich als mühsam empfunden werden können. Zu vergleichen mit den körperlichen Mühen eines Katers, der den Alkohol vom Vorabend wieder loswerden will.

* Heftigere Reinigungsaktionen, die, als ein kleiner *Kater* empfunden werden, treten extrem selten auf.

* Zur Stützung der Reinigungsaktion ist nach der Behandlung viel klares Wasser ohne Kohlensäure oder ungesüßter Kräutertee zu trinken.

Hat *Reiki* etwas mit einer Sekte zu tun?
Reiki hat nichts mit einer Sekte zu tun. Sowohl die Behandlung wie auch die Einweihung in die *Reiki-Grade* hat keinerlei Bindungen an irgendeine Organisation oder irgendeine Person zur Folge.

Es ist egal, ob man irgendeiner Glaubensform oder gar keiner Religionsströmung zugehört, weil dies auf *Reiki* keinerlei Auswirkungen hat.

Alle Menschen, ob groß oder klein, jung oder alt können *Reiki* genießen.

Wie lange dauert eine *Reiki-Anwendung* und welche Kosten können dabei auftreten?
Die *klassische Reiki-Anwendung* dauert etwa *eine Stunde.* Der Körper wird dabei von Kopf bis Fuß durch Handauflegen mit Heilenergie *aufgetankt.* Dabei liegt der zu Behandelnde (bekleidet) auf einer Massageliege. Je nach Vorliebe unterstützt die Abspielung von Wellnessmusik, aber auch die Gegenwart der Stille den Prozess. In Vorbereitung wird zunächst ein klärendes Gespräch geführt und nach der Behandlung erfolgt der Austausch der Eindrücke, die bei der *Reiki-Behandlung* aufgetreten sind.

Geld im Austausch für universelle Lebensenergie? Das scheint vielen unangemessen zu sein, denn *Reiki ist für alle da!* Solch eine Einstellung deckt natürlich nicht die Mühen und Kosten, die Entstehen bei der Vorbereitung und Durchführung von *Reiki*.

Auch wenn es um *Reiki* geht, muss man ganz nüchtern an dieses Problem herangehen. Zeit und Geld müssen investiert werden. Und da kann einiges zusammenkommen: Informationsmaterial, Kopierkosten, Miete, Kosten für Utensilien. Und nicht zu vergessen, für die, die das nicht freiberuflich machen Steuern, Krankenversicherung und Altersvorsorge. Aber auch für die Freiberufler können Steuern entstehen. Wenn wir in diesen Zusammenhang dann auch noch von der Zeit sprechen, so ist es ein *Stück Lebenszeit, was der Reiki-Anwender investiert.*

Ich möchte hier nicht konkret auf die Kosten bzw. Preise für die *Reiki-Anwendung* eingehen und dabei das Gebiet für die *Reiki-Kurse* und der *Reiki-Ausbildung* nur streifen. Wer für die zuletzt genannten zwei Gebiete Interesse hat, findet im Internet zahlreiche Web-Seiten, die sich mit dieser Problematik beschäftigen.

Wie gesagt eine *Reiki-Anwendung* vorzubereiten und durchzuführen ist nicht umsonst, sie kostet Geld. Doch wie viel bezahlt man nun für eine *Reiki-Anwendung*?

Eine schwierige Frage scheint der Wert dessen, was man mit *Reiki* gibt, schwer messbar zu sein und auch vor allem individuell verschieden. Und nicht nur das, gilt es dabei weitere zahlreiche Aspekte zu berücksichtigen.

Viele Praktizierenden scheuen hohe Preise, da Reiki *eh nicht bezahlbar* sei, andere möchten zumindest ihren persönlichen Einsatz honoriert sehen und bestimmen den Preis nach Zeitaufwand und Kosten. Wiederum andere sehen die Preise als eine Art unverrückbare Basis an, als Gradmesser für die Ebene, auf der sich der gegenseitige Energieaustausch vollzieht.

Fragen auf Fragen, mit denen der *Reiki-Praktizierende* häufig konfrontiert wird. Bei der Lösung dieser Fragen werden Erfahrungen gesammelt und auch Fehler begangen. Eine absolut gerechte Lösung für die Festlegung des Preises wird es deswegen kaum geben.

Wichtig ist bei der Beantwortung der Fragen, stets den Gedanken im Kopf zu behalten, dass es im Grunde das größte Glück auf Erden ist, eine Arbeit zu verrichten, die man gerne macht und für die man angemessen bezahlt wird.

Das Thema Geld eignet sich wahrlich gut, um mit Nachdruck fürs Leben zu lernen. Führt es einen immer wieder an die Wurzeln der menschlichen Existenz. Jeder von uns benötigt nun einmal Geld, um leben zu können. Und gerade in der heutigen Zeit bestimmt der Götze *Mammon* unser Leben in all seinen Facetten.

So gibt es für die *Reiki-Anwendung* und *Reiki-Ausbildung* keine feste Gebührenordnung. Die Vergütung wird deshalb direkt mit den *Reiki-Praktizierenden* ausgehandelt. Die Kosten können, je nach Anbieter und Art der Ausbildung, sehr unterschiedlich sein.

Die Ausgaben für eine Schulung reichen von kostenlos bis zu mehreren Tausend Euro. Nur für Interessenten, die sich selber mit Reiki beschäftigen wollen, damit sie einmal sehen, um was es geht, hier einigen Angaben:

* ✲ Einweihung zum *1. Grad* (Erwerb der Fähigkeit *Reiki-Energie* zu übertragen) - Kosten zwischen *70* und *200* Euro.

* ✲ Einweihung zum *2. Grad* (Übertragung der drei Symbole, die eine generelle Verstärkung der *Reiki-Energie* bewirken und *Reiki* eine Unabhängigkeit von Zeit und Raum geben) - Kosten zwischen *120* und *600* Euro.

* ✲ Einweihung in den *Meistergrad* erfolgt sehr persönlich und erst nach eingehender praktischer Erfahrung mit täglicher *Reiki-Anwendung* und regelmäßiger Praxis mit den *Reiki-Symbolen*. Kosten zwischen 250 Euro

und *1.000* Euro (bei diesen Preisen scheiden sich endgültig die Geister).

Die Kosten für eine *Reiki-Anwendung* liegen dagegen etwa bei denen einer herkömmlichen Massage, gehen gelegentlich aber auch weit darüber hinaus. Eher selten wird die *Reiki-Anwendung* kostenlos oder gegen eine Spende, die im Ermessen des Behandelten liegt, angeboten. Die Preise für die *einstündige Behandlung* liegen zwischen *25* und *90* Euro. Dabei ist es sinnvoll, drei Reiki-Anwendungen in kürzeren Abständen durchzuführen. Abweichend von diesen Preisen sind Kennenlernen-, Einführungs-, Sonder-, ABO- und sogenannte Paket-Angebote. Hier werden Preisnachlässe gewährt, die sich in dem Rabatt-Bereich zwischen 1 bis 3 % bewegen.

Für eine *Fernbehandlung* liegt das Preisniveau etwa zwischen *40* und *60* Euro.

Bei der Anwendung von Reiki bei Tieren liegen die Preise zwischen *25* und *40* Euro. Hier kann noch eine Kilometerpauschale hinzukommen, die von Behandler zu Behandler unterschiedlich ausfallen kann (in der Regel findet die Behandlung der Tiere in ihrer häuslichen Umgebung statt).

„Ich glaube, dass wir einen Funken jenes ewigen Lichtes in uns Tragen, welches im Grunde des Seins leuchtet. Und dass unsere schwachen Sinne dieses Licht nur von ferne erahnen. Diesen Punkt in uns zur Flamme werden zu lassen und das Göttliche in uns zu verwirklichen, ist unsere höchste Pflicht."

Johann Wolfgang von Goethe

Reiki Energie

fördert das Wohlbefinden

stärkt die Energie

vermehrt die Lebenskraft

führt zu innerer Ausgeglichenheit

sorgt für Entspannung

bringt innere Harmonie

löst vorhanden Blockaden

fördert die Kreativität

beseitigt Stressauswirkungen

unterstützt die Selbstheilungskräfte, für
eine schnellere Heilung des Körpers

verstärkt alles und manchmal auch
Unangenehmes damit es bald viel
angenehmer wird

So wird Reiki beschrieben, von
denen, die es bereits kennen!

Quelle: www.reikionlinekurse.de.

2. Klangschalen – Heilende Klänge

Im Gegensatz zur Reiki-Energie ist die Energie der Klangschale eine irdische Energie. Klangschalen bestehen aus Material, das jahrtausendelang fester Bestandteil von Mutter Erde war. Letztere schenkt uns also einen Teil von sich, einen Teil ihrer Energie und gibt uns die Möglichkeit, zu den Sternen aufzusteigen und uns mit dem Universum zu verbinden. Es ist der *„Klang des Universums"*, eine Energie, die sich von der Erde hinauf ins Weltall bewegt.

Das OM ist reine positive Energie und zugleich die kosmische Note und der heilige Urklang, den wir in unserer westlichen Kultur als Urknall kennen. Aus einer Schwingung entstand das Universum und mit ihm alles Leben.

Es wird seit Jahrtausenden verwendet, um Körper, Geist und Seele in Harmonie zu bringen, und alle Klänge und Schwingungen des Universums können letztendlich auf das OM zurückgeführt werden.

Die Verwendung von Klangschalen bringen diese Entspannung für Körper, Geist und die Seele. Feinste Vibrationen erfüllen den Körper, lösen die Verspannungen und erzeugen ein angenehmes Kribbeln. Gleichzeitig lauscht man, völlig unbewusst den immer leiser werdenden Schwingungen der Klänge nach und hört in die Stille hinein. Gefühle und Gedanken, die einen beherrschen, werden ein ganzes Stück bewusster wahrgenommen.

Ein heute eher seltenes Erlebnis.

Der Klang ein energetisches und harmonisches Phänomen gibt Kraft und kann die Denkweise auf eine höher Ebene heben. Dadurch entsteht eine größere Empfänglichkeit für das im Grunde Unvorstellbare. Es bringt innere Einsicht, Licht ins Bewusstsein und stärkt das *Innere Ich*, das Selbst.

AUM (Om) der ewige Klang des Universums.

Viele Menschen erleben einen Zustand der Tiefenentspannung oder sogar Trance. Sie finden Zugang zu unbewussten Anteilen ihres eigenen Selbst, zur inneren Stimme und zu Möglichkeiten, die bisher in ihren Körper, im Verborgenen schlummernden. Ungeahnten Kräfte zur Stärkung der Gesundheit und zur Entspannung für Körper, Geist und Seele werden freigesetzt.

Hängt es damit zusammen, dass wir bereits die Welt akustisch wahrgenommen haben, bevor wir geboren wurden?

Alles ist Klang

Das leise Flüstern des Windes.
Das Lachen beim Spielen des Kindes.
Der Orkan tosend mit Gebrüll.
Die Windsbraut über das Land fegt, in riesige Staubwolken gehüllt.

Des Schmiedes auf dem Amboss laut klingender Hammerschlag.
Das Quietschen der Reifen, beim Autofahren, was so mancher mag.
Lautes Geschrei macht nicht nur aggressiv einen jeden Mann.
Auch ständiger Lärm uns krankmachen kann.

Wir brauchen in der Stimme eines Menschen nicht zu lesen.
Wer mit dem Herzen hinhört, dem offenbart der Klang sein Wesen.
Der Klang in seiner Stimme etwas über den Menschen aussagt.
Ärger, Frust seine Stimme besagt.

Das ständige Gebell der Hunde, das auf den Geist gehen kann.
Das Heulen der Sirenen, das man hört auch dann und wann.
Das Trillern der Vögel am Morgen, klingt von des Baumes höhn.
Das Zirpen der Grillen am Abend, wie wunder schön.

Das Weinen einer gequälten Seele, das traurig machen kann.
Das gemeinsame Lied das uns wieder froh macht, dann.
Das erste laute Lachen eines Kindes macht uns so glücklich.
Jubeln über die schönen Dinge des Lebens, das ist schicklich.

Der Klang ein Schallsignal mit harmonisch verteilten Teilfrequenzen.
Ein Hörerlebnis, das diese Schwingungen begrenzen.
Alles pulsiert und vibriert, ist lebendig, kann das sein?
Ja! Die Welt ist Klang! Mein Ursprung! Mein sein!

EUH 2018

Der Urzustand des Menschen ist der Zustand der Harmonie, der Einklang mit dem ursprünglichen Sein.

„Der Ton der Klangschale bringt die Seele zum Schwingen. Der Klang löst Spannungen, mobilisiert die Selbstheilungskräfte und setzt schöpferische Energien frei."

Peter Hess

2.1. Entstehungsgeschichte und Herkunft

Wenn wir etwas über die Entstehungsgeschichte und der Herkunft erfahren wollen muss uns, als Erstes einmal klar sein was ist denn überhaupt eine Klangmassage?

Bei einer Klangmassage, Klangschalenmassage, Klang-Massage-Therapie oder Klangschalentherapie, wie wir Sie auch immer nennen, werden mehrere speziell angefertigte Klangschalen verschiedener Grundfrequenzen und verschiedener Größen auf den bekleideten Körper des liegenden Menschen gelegt und angeschlagen bzw. angerieben. Die Klangschalen können aber auch über den Körper gehalten werden, ohne ihn zu berühren. Der Schall des erzeugten Tones überträgt sich auf den Körper. Dabei berühren die entstehenden feinen Vibrationen und Töne den Körper, den Geist und die Seele und erreichen alle Zellen, sodass der Körper in seine vielleicht schon lange nicht mehr wahrgenommene Harmonie zurückkehrt.

Wir sehen, dass auch die Klangmassage auf einem ganzheitlichen System basiert - Körper, Geist und Seele gehören auch hier zusammen. Wir können durch Sie erfahren, durch welche Körperregion Energie frei fließt und in welchen nicht. Hierbei kann man einen Zusammenhang erkennen zu anderen Techniken, wie z. B.:

* Reiki
* Kinesiologie
* Schwingungsübertragungen
* Mudra

durch die sie positiv beeinflusst werden, um eine Harmonie zwischen dem geistigen Leib, der *Lebensenergie* und dem körperlichen Leib herzustellen.

Der Klang (schalen) Massage liegen uralte mündlich überlieferte Erkenntnisse über die Wirkung von Klängen zugrunde. In der östlichen Vorstellung ist der Mensch aus Klang entstanden, ist also Klang. Ist der Mensch mit sich und seiner Umwelt im Ein-Klang, dann ist er auch in der Lage, sein Leben frei und kreativ zu gestalten.

Traditionelle schriftliche Aufzeichnungen sind kaum bekannt.

Das Heilen mit Klängen hat seinen Ursprung in der alten vedischen Heilkunst. Veden sind die ältesten Texte Indiens. Die Klangschalen sollen schon vor über 5.000 Jahren in Indien, in Tibet und Nepal Anwendung gefunden haben. Ursprünglich soll es traditionelles Küchengeschirr gewesen sein, das man als schamanische Objekte für religiöse Zwecke verwendete. Wie so vieles kann dies aber nicht bewiesen werden. Auf jeden Fall wurden sie zur Meditation, Einweihung, Astralreisen, Selbstfindungen und Heilungen eingesetzt.

Aber auch als Alltagsgegenstände fanden die Klangschalen ihre Verwendung, die im Laufe der Zeit jedoch in Vergessenheit gerieten:

* In Assam - die kleinen Schalen zum Dai-Essen.
* In Orissa - werden sie heute noch zu Hochzeiten verschenkt.

* In Nepal - essen Schwangere wegen der zugesetzten Metalle aus den Schalen.
* In Japan und China - zu rituellen Zwecken in den dortigen buddhistischen Tempeln und Zen-Klöstern.
* Selbst Buddha soll mit einer Klangschale abgebildet worden sein.

Gleichfalls sieht man in Schöpfungsgeschichten, wie in der Bibel, in der Heiligen Schrift Indiens (*Upanishaden*) oder auch im Glauben der Tibeter den Klang als Ursprung des Seins. Die gesamte Schöpfung, das Universum, der Mensch und die Götter seien aus Klang entstanden.

„Nada Brahma - Der Kosmos ist Klang."

Aber auch in der westlichen Kultur gab es schon lange die Erkenntnis, dass Klänge und Musik ein Schlüssel zur Heilung von Körper, Geist und Seele sind. Schon Pythagoras (600 Jahre vor unsrer Zeitrechnung) soll seinen Schülern beruhigende Melodien vorgesungen haben - in der Annahme, dass Melodie und Rhythmus in der Lage sind, den Menschen in seiner Gesamtheit zu harmonisieren. Noch im Mittelalter gehörte eine Musikausbildung mit zum Studium eines Arztes. Seitdem war die Idee der Heilung durch Klänge und Musik etwas verloren gegangen.

Die handwerkliche Fertigung der Schalen wurde in der Himalaya-Region zwischen 1900 und 1940 fast völlig aufgegeben.

Zu uns kamen die Klangschalen mit tibetischen Mönchen, die nach der Besetzung Tibets durch China im Jahre 1959 in den Westen flohen. Heute werden die Klangschalen bei uns zu Meditationszwecken, zur Klangtherapie und zur Klangmassage verwendet.

In den 90 Jahren erfolgte letztendlich in den westlichen Ländern das Ausmessen der Klangschalen zu Meditationszwecke, die mit Cousto entdeckten Planetenfrequenzen schwingen. Diese Planetenschalen haben den Vorteil, dass man sie leichter und gezielter einsetzen kann, da die Wirkungsweise der einzelnen Töne bekannt ist. Dazu an anderer Stelle mehr.

Metall	Planet
Gold	Sonne
Silber	Mond
Quecksilber	Merkur
Kupfer	Venus
Eisen	Mars
Zinn	Jupiter
Blei	Saturn

Bild 9: Zuordnung der einzelnen Metalle – für die einzelnen Planeten.

Nach einer alten Überlieferung soll eine Klangschale sieben Metalle enthalten, für jeden der sieben klassischen Planeten eins. Die Metallzusammensetzung bestimmt die Schwingungsqualität und den Klang der Schale. Heute gibt es auch Klangschalen, die nicht mehr alle Metalle enthalten und auch Klangschalen, die nicht mehr von Hand angefertigt werden.

Klangforscher und Wissenschaftler beobachten und dokumentieren in der heutigen Zeit die entspannende, ordnende und vertrauensbildende Wirkung der Klangschalen.

So experimentiert heute selbst die moderne Schulmedizin mit den Klängen von gesunden und kranken Körperzellen.

In den westlichen Ländern werden nicht nur Klangschalen eingesetzt, sondern auch in zunehmendem Maße Instrumente anderer Kulturen.

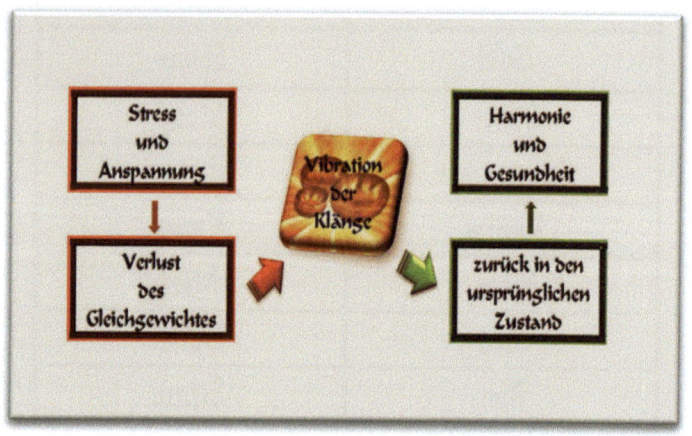

Bild 10: Einfluss der Vibration der Klänge auf den körperlichen Zustand.

Hierzu ein Beispiel: Das Didgeridoo, ein obertonreiches Blasinstrument, das als traditionelles Musikinstrument der nordaustraulischen Aborigines gilt. Dieses vorwiegend aus einem von Termiten ausgehölten Stamm lokaler Eukalyptusbäume gefertigte Instrument war noch bis vor wenigen Jahren in Europa nahezu unbekannt. Das zunächst exotisch wirkende Instrument wird auf traditioneller oder neu entwickelter Weise mit einer Kombination aus Mundbewegungen, Atemtechnik und Stimmeffekten gespielt.

„Die wirksamste Medizin ist die natürliche Heilkraft,
die im Inneren eines jeden von uns liegt."

Hippokrates von Kos

98

2.2. Klänge Urbedürfnis des Menschen

Klänge sind eine Energieform, die in allen was es gibt, zu finden ist. Energie steht niemals still. Sie verwandelt sich von einer Form in die andere und geht niemals verloren.

Jede Bewegung ist eine Schwingung von der dichtesten Materie bis zur kosmischen Strahlung. Überall wo Bewegung ist, ist auch Klang und jede Existenz hat seine ursprünglichen Schallwellen, Töne und individuelle Melodien. Jeder Planet, jedes Sonnensystem, jedes Lebewesen, jede Pflanze, jede Zelle, jedes Atom hat seine eigene Schwingungsfrequenz.

Und wer sich in der Quantenphysik auskennt, weiß das nach den neusten Erkenntnissen alles in einem Zustand der Schwingung ist. So sind auch wir schwingende Wesen mit einer uns eigenen charakteristischen Frequenz. Wird diese Frequenz gestört, können sich Krankheiten entwickeln. Das Gleichgewicht muss wieder hergestellt werden und dies kann geschehen durch den Einsatz von Klängen und Tönen, die einen positiven Einfluss auf die Selbstheilungskäfte des Körpers ausüben.

Alles ist Schwingung - Schwingung ist Energie - Energie ist leben.

Mit einfachen Worten gesagt im uns herum, oben wie unten, unsere gesamte Welt besteht aus Schwingungen, aus Klängen, die in manchen Fällen für uns hörbar sind.

Unser Körper ist ein Gebäude schwingender und vibrierender Zellen, den Bausteinen, aus denen wir bestehen. Der menschliche Organismus schwingt beständig bis in die Gene hinein. Auch wenn dies im Bewusstsein nicht direkt wahrgenommen wird. Jede Zelle, jeder Muskel, auch unser Gehirn und unsere Lebensenergie schwingen in ihrem Urzustand ausgeglichen, entspannt und sind beweglich. Der

99

Mensch benötigt also diese Energie, um sich am Leben zu erhalten. So beeinflussen Schwingungen das Leben und Bewusstsein.

Aber wo liegen nun die Quellen für diese Kräfte? Sicherlich bei

- 30 % der Bewegung,
- 40 % der Ernährung und die restlichen
- 30 % man höre und staune sie kommt vom Universum, also eine Form der kosmischen Energie.

So wie viele Arten der Energie messbar sind, ist es auch Energie, die durch jede Körperzelle schwingt, messbar. Werden diese *Batterien* nicht aufgeladen, sind sie nicht mehr leistungsstark und dies macht sich sofort im Wohlbefinden des Menschen bemerkbar.

Der Urzustand des Menschen ist ein Zustand der Harmonie. Der Einklang mit dem ursprünglichen Sein.

Was könnte denn unter anderem diesen Zustand ins Wanken bringen?

- Seelische Ursachen.
- Gefühle, die unterdrückt werden.
- Negatives Denken.
- Belastende Erfahrungen.

Ein Mensch, der körperlich, mental oder auch emotional erschöpft ist, schwingt disharmonisch. Das heißt, es gilt die körpereigenen Schwingungen mit anderen Schwingungsfrequenzen wieder herzustellen.

Da der menschliche Körper überwiegend aus Wasser (etwa 80 Prozent) besteht, wird dieses durch die Schallwellen, die sich in konzentrischen Kreisen ausbreiten, in Bewegung versetzt und wirkt wie eine innerliche Massage der Körperzellen.

Die Ausbreitung dieser Kreise kann man auch vergleichen mit dem Wurf eines Steines in das Wasser, die hier entstehenden Wasserwellen breiten sich kreisförmig in alle Richtungen aus. Wir wissen es selbst, wie wohl wir uns nach einer Massage fühlen und genauso geht es unseren Körperzellen. Die seelischen Verspannungen und Blockaden werden gelöscht. Einen wissenschaftlichen Beleg für diese Theorie gibt es jedoch bisher nicht.

Unterschiedlich werden die Sinneswahrnehmungen von Klängen, Tönen, Schwingungen nicht nur vom Menschen aufgenommen, sondern von allen Lebewesen. Sie unterteilen sich in die

* auditive Wahrnehmung,
* aurale Wahrnehmung oder
* akustische Wahrnehmung.

Das bedeutet, der Vorgang des Hörens beim Menschen lässt sich in äußere und zentrale Teilfunktionen untergliedern:

* Die Aufgabe der äußeren oder auch peripheren Prozesse ist die Schallaufnahme und -weiterleitung von Außenohr und Mittelohr. Das Innenohr wandelt die Schallreize in neurale Impulse um, die vom Hörnerv weitergeleitet werden.

* Die zentralen Teilprozesse gliedern sich in die Verarbeitung und Filterung der auditiven Signale in den zentralen Hörbahnen und in die bewusste Auswertung der angekommenen Informationen an den zentralen Hörzentren des Großhirns. Ein weiterer zentraler Prozess ist die Sprachwahrnehmung.

* Der Hörsinn ist nicht immer an Ohren gebunden, insbesondere Vibrationen können auch durch die Sinnesorgane an entsprechenden Körperteilen wahrgenommen bzw. empfunden werden. Sicherlich haben sie schon einiges über die Chakren unseres Körpers gehört. So spricht eine andere Erklärung davon, dass bestimmte Töne, die durch Klangschalen erzeugt werden, den verschiedenen Chakren zugeordnet werden und diese beeinflussen. Bei der *Störung* der Chakren sollen diese dann mit der Klangmassage harmonisiert und positiv beeinflusst werden. Es kann passieren, dass man in einen tranceähnlichen Zustand verfällt, ähnlich wie bei Ritualen von Schamanen. Wer diesen Zustand erreicht, kann gewiss sein, dass eine Änderung auf der körperlichen, seelischen und geistigen Ebene möglich sein wird.

Wie sagt man so schön: *Der Ton macht die Musik.* So auch hier.

„Jeder Mensch ist Musik - ewige Musik - die Tag und Nacht erklingt. Intuitive Menschen können diese Musik hören. Aus diesem Grund gibt es Menschen, die Dich abstoßen und andere, die Dich anziehen.

*Was Dich in Wirklichkeit abstößt und anzieht, ist die
Musik, die in einem Menschen schwingt. "*

Joachim-Ernst Berendt

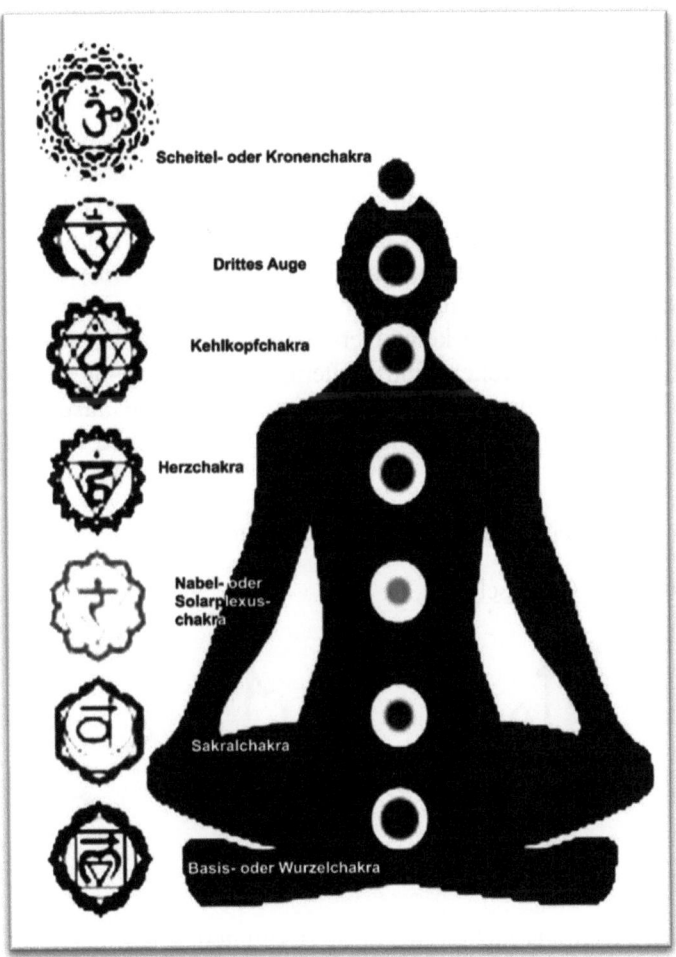

Quelle: Gerda Irini Asbach „Reiki – Heilende Kraft der Hände.

2.3. Kurzer Exkurs durch den Bereich der Akustik

Akustik ist die Lehre vom Schall. Sie befasst sich mit den Tönen, deren Ausbreitung und der Klangwirkung. Zur Akustik gehört auch die allgemeine Schalltechnik mit der Erzeugung und Wandlung von Schallereignissen. Sie analysiert Schallwellen und beschreibt diese in mathematischen Zusammenhängen und Gesetzmäßigkeiten.

Unsere akustischen Wahrnehmungen sind eng verbunden mit unserem Gehör, wie wir bereits gelesen haben.

Unter Schall versteht man zunächst alles, was mit dem menschlichen Gehör wahrgenommen werden kann. Ein nachhaltiges Geräusch, ein schallender Klang, ein weithin vernehmbarer Ton (ein heller, dumpfer Schlag). Ohne dem Gehör könnten wir keine Geräusche; Stimmen oder Musik hören. Schallwellen sind wellenförmig sich ausbreitende Luftschwingungen, die von einer Schallquelle ausgehen und von dem menschlichen Gehör wahrgenommen werden können.

Als Schall bezeichnet man im Allgemeinen:

✸ das Geräusch

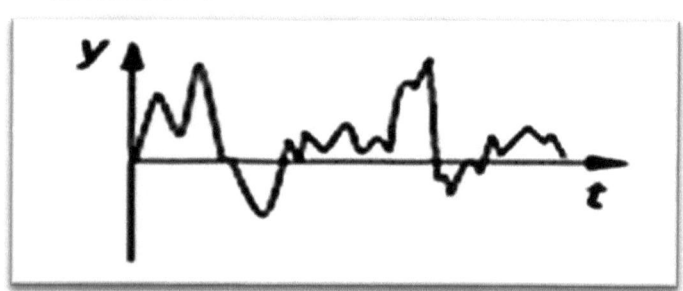

setzt sich aus mehreren Tönen zusammen; allerdings über wiegen dabei *chaotische*, d. h. nicht periodische

104

Schwingungsmuster. Die Schwingung ist unregelmäßig. Geräusche entstehen z.B bei Fahrzeugen und Maschinen.

✳ den Klang,

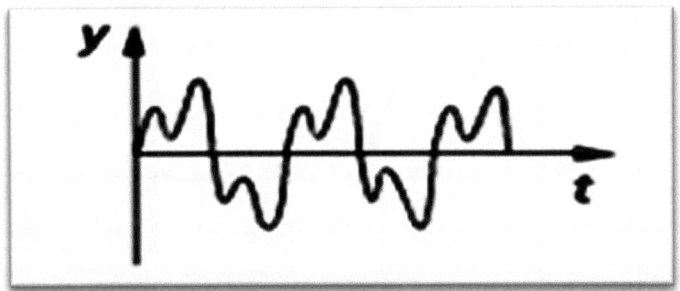

der setzt sich aus mehreren Tönen zusammen. Er entsteht durch die Überlagerung verschiedener Frequenzen, die das ganzzahlige Vielfache des tiefsten Tons *(„Grundtons")* sind. Die Schwingung ist periodisch, aber nicht sinusförmig. Mit Musikinstrumenten kann man verschiedene Klänge erzeugen.

✳ den Ton,

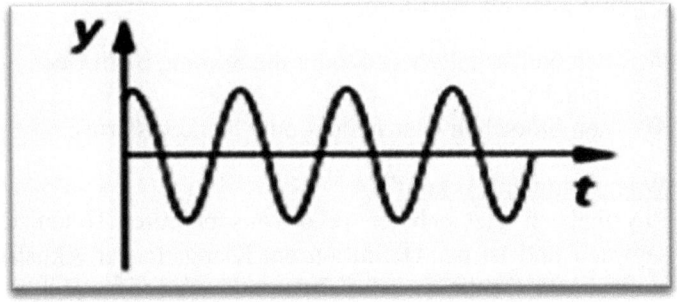

den man als eine harmonische Schwingung bezeichnet, d. h., er ist eine regelmäßige Sinusschwingung mit fester Frequenz. Verschiedene Töne lassen sich ihrer Frequenz bzw. Tonhöhe nach anordnen. Die Schwingung ist sinusförmig.

Eine angeschlagene Stimmgabel erzeugt einen ganz klaren Ton.

❋   den Knall,

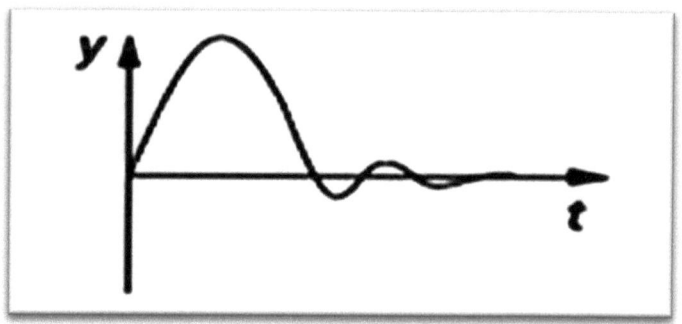

er setzt sich ebenfalls aus mehreren Tönen zusammen; mit dem Unterschied, dass die Lautstärke des Geräusches dabei sehr stark abnimmt. Die Schwingung hat eine große Amplitude und klingt schnell ab. Beim Explodieren eines Feuerwerkskörpers entsteht ein Knall, wie er von Menschen mit dem Gehör, also dem Ohr-Gehirn-System, aber auch von Tieren auditiv wahrgenommen werden. Dabei unterscheidet man zwischen:

❋   den Nutzschall (Musik oder die Stimme beim Gespräch),
❋   den Störschall (Baustellen- oder Verkehrslärm).

Was ist nun ein Akkord?
Physikalisch setzt sich der Akkord aus mehreren Tönen zusammen und ist per Definition ein Klang. In der Akustik stellt er ein Qualitätsmerkmal dar und wird als wohlklingend bezeichnet. Beschrieben werden kann der Akkord als ein Mehrklang. Er ist aus mehreren natürlichen Tönen zusammengesetzt, die zueinander in einem definierten Intervall stehen.

Viele wissen bereits, dass es Schallwellen sind, die sich in der Luft ausbreiten. Aber klingt das nicht seltsam? Schließlich sehen wir keine Wellen in der Luft ... Wie kann man diese Schallwellen erklären?

Damit Schall entstehen kann, muss ein mechanischer Körper in einen entsprechenden Schwingungszustand gebracht werden.

❋ Es fällt etwas herunter oder es kippt etwas um, dabei entsteht ein Geräusch.

❋ Anzupfen oder Anschlagen Saiteninstrumente (z. B. Gitarren), gespannten Gummis (z. B. Trommeln).

❋ Bewegte Flüssigkeiten, Strömungsgeräusche (z.B. Plätschern).

❋ Blasinstrumente (z.B. Flöten).

Die Luft kommt in Bewegung, sodass sie an der Stelle der Geräuschentstehung dichter zusammengedrückt wird. Also ist an dieser Stelle ein Druckanstieg zu verzeichnen. Dieser Druck sucht nach einem Ausweg und es breiten sich die Schichten von hohem Luftdruck ganz schnell aus, und zwar superschnell (343 m/s = 1235 km/h) nach allen Richtungen. Bei längeren Geräuschen geschieht dieser Vorgang ganz oft hintereinander. Es breiten sich in der Luft abwechselnd Schichten von dichter und nicht so dichter Luft aus. Wenn man diese Luftmoleküle sehen könnte, würde das aussehen wie eine Wasserwelle, die sich ausbreitet, wie bei einem Stein, der ins Wasser geworfen wurde.

Kann man die Geräuschwellen spüren?

Ja, man kann sie spüren, z. B.:

❋ Beim Starten eines Flugzeuges bebt manchmal die Erde.

❋ Laute Discomusik merkt man manchmal auch am Körper, besonders die Bässe.

Physikalisch versteht man unter Schall alle Signale, die vom Gehör aufgenommen und akustisch erkannt werden.

Der Schall ist eine mechanische Welle und somit an ein Medium gebunden, wo er sich durch Druck- und Dichteschwankungen fortsetzt. Er kann reflektiert, gebrochen und absorbiert werden. Da Schall, wie gesagt eine mechanische Welle ist, treten bei Schallwellen auch Beugungen und Interferenzen auf.

Im Vakuum gibt es keine Schallereignisse.

Der Schall kann sich dagegen in Gasen, Flüssigkeiten und Festkörpern mit ganz unterschiedlichen Geschwindigkeiten ausbreiten, die zudem von der Temperatur und dem Außendruck beeinflusst werden. In Gasen und Flüssigkeiten pflanzt sich der Schall durch Longitudinalwellen fort. Im Festkörper sind zusätzliche Transversalwellen und die Überlagerung in Form von Torsionsschwingungen anzutreffen.

* Infraschall: Es sind Schallfrequenzen unter 16 Hz und vom menschlichen Gehör nicht wahrnehmbar. Einige Tiere wie Elefanten und Wale nehmen diesen extrem weitreichenden Schall wahr.

* Hörschall: Er umfasst den allgemeinen humanen Hörbereich von 16 Hz bis 20 kHz. Mit zunehmendem Alter nimmt die Empfindlichkeit in hohen Frequenzbereichen stark ab.

* Ultraschall: Der Bereich von 20 kHz bis 1 GHz. Er wird von manchen Insekten und Fledermäusen zwischen 40 … 200 kHz erzeugt und gehört.

Um es mit einem Satz zu sagen: Schallwellen sind die Ausbreitung von Druckschwankungen im Raum.

Für Schallwellen gilt wie für andere Wellen auch

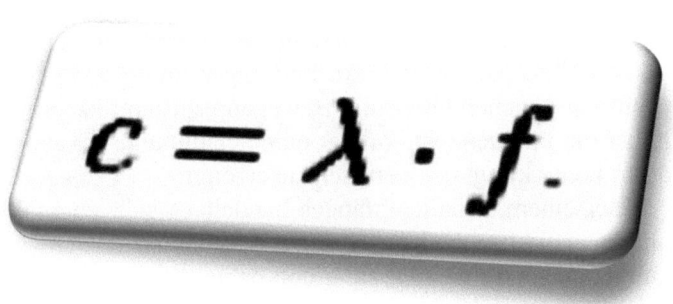

$$c = \lambda \cdot f.$$

 Schallgeschwindigkeit

Die Ausbreitungs- oder Phasengeschwindigkeit, mit der sich der Schall im Medium fortpflanzt, wird als Schallgeschwindigkeit mit dem Kennbuchstaben c in m/s bezeichnet. Die Schallgeschwindigkeit in trockener Luft bei 20° beträgt **c = 343 m/s.**

 Wellenlänge

Die Wellenlänge ist eine ortsabhängige Größe. Zu einem festen Zeitpunkt ist sie definiert als kürzester Abstand Y in Metern, bei dem zwei Teilchen den gleichen Orts- und Bewegungszustand aufweisen.

 Frequenz

Die Frequenz f in **Hz** = s^{-1} ist eine zeitabhängige Größe. Es ist der Kehrwert der Periodendauer T und definiert als kürzeste Zeitspanne, wo in Ausbreitungsrichtung zwei Teilchen den gleichen Orts- und Bewegungszustand haben. Je höher die Frequenz ist, mit der eine Schallquelle schwingt, desto höher klingt der Ton, den sie erzeugt.

Bei einem Schallempfänger handelt es sich ebenfalls um einen elastischen Körper, der zu mechanischen Schwingungen angeregt werden kann und dabei die empfangenen Schallwellen in biologische oder elektrische Signale umsetzt, die bis zur Beeinflussung der elektromagnetischen Gehirnströme gehen. Messungen haben ergeben, dass eine Reihe deutlich erkennbarer Wellenlängen existieren, die jeweils mit einem Bewusstseinszustand gepaart sind.

Die Frequenz der Gehirnströme ist also charakteristisch für bestimmte Bewusstseinszustände.

Der Klang oder der Ton ist ein ideales Mittel, um eine Harmonie zwischen der linken und der rechten Gehirnsphäre herzustellen. Durch dieses Zusammenspiel der linken und rechten Hirnhemisphäre ist es möglich zu lernen, neue Ideen zu entwickeln, schöpferisch tätig zu sein und vor allem das Leben ganzheitlich wahrzunehmen.

Fazit ist es, das Vibrationen und Klänge Einfluss nehmen auf das autonome Nervensystem, auf die Muskulatur, auf die Körperhaltung, auf den Herzschlag, die Atmung, den Blutdruck, auf das Gemüt selbst auf die Haut, somit auf Körper, Geist und Seele.

Wissenschaftler und Physiker haben herausgefunden, dass sowohl im Mikro- als auch im Makrokosmos 12 Grundtöne als Schwingungen vorhanden sind. Das bedeutet, die menschlichen Zellen schwingen in einem dieser kosmischen Töne genauso intensiv wie ein Stern im

Universum. Jeder Mensch hat demnach seine eigene Tonart, die sich zudem in Harmonie mit den zwölf Grundtönen befindet. Jeder Mensch hat innerhalb dieses Systems seinen ureigenen Klang, seine eigene Wellenlänge. Diese individuellen Schwingungen machen die jeweilige Persönlichkeit aus.

So betrachtet auch die ganzheitliche Medizin den Menschen als Energie und Schwingungswesen. Ist das Schwingungswesen des Menschen harmonisch, so äußert sich dies durch Gesundheit und Wohlbefinden. Der Mensch befindet sich im *Ein-Klang* mit sich und der Umwelt.

So ist es kein Wunder das Missklänge und Disharmonie sich äußern sowohl in den Gedanken und im Lebensgefühl, als auch im Körpergefühl, der Körperhaltung und letztendlich in den Organen. Wohlklänge können heilen, Disharmonie kann die Gesundheit gefährden.

Im Wachzustand herrschen *Beta-Wellen* vor, im entspannten Wachzustand treten *Alpha-Wellen* auf, in Trance und tiefen Meditationszuständen dagegen *Theta-* und im Tiefschlaf *Delta-Wellen*.

* Betawellen: 14-30 Hertz, das Gehirn befindet sich im Wachzustand.
* Alphawellen: 7-14 Hertz, Meditation bzw. Entspannung. Die Aufnahmebereitschaft ist am größten.
* Thetawellen: 4-7 Hertz, Trancezustand, tiefe Meditation. Spirituelle Erfahrungen und Blockadelösungen.
* Deltawellen: 4 Hertz und weniger werden vorherrschend im Tiefschlaf erzeugt. Spirituelle Erfahrungen und Blockadelösungen.

Spezielle Klänge, wie sie die Klangschalen erzeugen, helfen uns leichter in den Alpha- und zum Teil in den Theta-Bereich zu kommen. Sie schaffen damit die Möglichkeit, Heilungsprozesse in Gang zu setzen.

„Es ist nicht genug, zu wissen, man muss es auch anwenden, es ist nicht genug, zu wollen, man muss es auch tun."

Johann Wolfgang von Goethe

2.4. Einsatzbereiche und Wirkweise der Klangmassage

Alle großen Veränderungen entstehen nur von innen heraus. Dazu muss der Mensch deren Notwendigkeit erst einmal erkennen und sich bewusst darauf einlassen. Bei der Klangmassage werden Störungen im Energiefluss bewusst und spürbar gemacht. Nicht nur im körperlichen, sondern mit etwas Aufmerksamkeit auch im geistigen, seelischen Bereich.

Viele Menschen, die eine Klangmassage erfahren möchten, wollen an sich und ihren *wunden* Punkten arbeiten. Es kann ein Problem sein, das die Klangmassage diese wunden Punkte zwar ans Licht bringt, der Empfangende dann aber überfordert ist, wenn er sie auf sich gestellt aufarbeiten soll. Deshalb ist es so wichtig, dass die Klangmassage kraftgebende und aufbauende Elemente besitzt, freundlich und unterstützend wirkt.

Bei der Klangmassage werden Hören und Fühlen gleichermaßen angesprochen. Die harmonischen Klänge beruhigen den Geist. Die feinen Vibrationen, die von den klingenden und damit schwingenden Klangschalen ausgehen, breiten sich nach und nach im Körper aus. Schwingen in jeder Zelle unseres Körpers. Schnell setzt eine wohltuende Entspannung ein und eine vielleicht schon lange nicht mehr wahrgenommene Harmonie kehrt in den Körper zurück. Der Klang verbindet sich mit der Seele, dringt tief in sie ein und darüber hinaus. Ton und Seele kommen in

Resonanz und der Geist des Menschen ist mit seiner Urquelle im Universum verbunden.

Gefühle von Sicherheit und Geborgenheit tauchen auf. Ein Zustand der Ruhe und der tiefen Entspannung macht sich bereit, die oft noch stunden- oder tagelang anhält. Es gibt nur wenig, was einen Menschen so schnell und intensiv berühren kann. Selbst im größten Trubel und Stress wirkt eine Klangmassage Wunder.

Eine Klangschalenmassage ist bereits mit einer einzigen Klangschale möglich. Meist werden jedoch mehrere tibetanische Klangschalen (in verschiedenen Größen) auf den Körper gestellt und nach einem bestimmten System angeschlagen.

Probieren Sie es aus!

Klangmassagen sind immer hilfreich bei Überbelastungen und Stress und den damit verbundenen körperlichen Beschwerden,

* wie Nacken- und Schulterverspannungen,
* Gelenk- und Kopfschmerzen,
* Verdauungsstörungen,
* Menstruationsbeschwerden,
* Schlafstörungen,
* Konzentrationsmangel,
* Ohrgeräusche und vielem mehr.

Sie kann also bei den verschiedensten Beschwerden eingesetzt werden. Egal ob diese körperlicher oder seelischer Natur sind. Da eine Klangschalentherapie an vielen Stellen von Nutzen sein kann, schließt sie die

* prophylaktische (vorbeugend) Behandlung,
* symptomatische (Beseitigung von Symptomen) Behandlung,
* palliative (Linderung) Behandlung,

❋ suppurative (Beseitigung unerwünschter Nebener-
scheinungen) Behandlung

ein.

Wir sehen also, dass eine Klangschalentherapie an vielen Stellen von Nutzen sein kann.

Um die Beschwerden zu verringern bzw. ganz zu beseitigen gibt es für die Durchführung einer Klangmassage bis
hin zu einer Klangtherapie die verschiedenen Möglichkeiten. Dies sind:

❋ der energetische Bereich,
❋ die Körpertherapie,
❋ der astrologische Bereich.

Der energetische Ansatz, der aus dem Bereich der Eso-
terik kommt, können Klang und Vibration der Klangschalen
angeblich Blockaden im *feinstofflichen*, also im seelisch-
geistigen Bereich lösen. Es wird versucht die Klangmassage, den Klang in der Aura als auch in den Chakren einzu-
bringen, um diese *energetisch anzureichern*. Wissenschaftlich lässt sich dieser Ansatz nicht nachvollziehen.

In der Körpertherapie kann die Klangmassage bei der
Aufarbeitung von *Traumatisierungen* helfen. Die Klänge
sollen in das *Körpergedächtnis* vordringen und das Trauma
lösen.

Astrologisch orientierte Anbieter nutzen die mathematischen und astronomischen Herleitungen von Cousto. Es
hat zwar nichts mit der Klangmassage tun, von der Johannes
Kepler in seiner *Harmonice Mund* von der Harmonie der
Himmelskörper berichtet, aber ich möchte es an dieser
Stelle erwähnen. Hans Cousto hat die Umlauffrequenzen
der Planeten durch Oktavierung in den hörbaren und sichtbaren Bereich gebracht. Bei dieser sogenannten Klangmassage mit Planetentönen werden die Herleitungen von
Cousto die auf rein mathematischer Erkenntnissen

resultieren herangezogen, um von den Tönen der Schalen auf die entsprechenden Planeten zu kommen, um so auf die Körperregionen zu gelangen, in denen die Schalen wirken sollen. Diese Zuordnung von Planetenfrequenzen auf den Körper hat etwas mit Astrologie zu tun. So hat Frank Plate die mathematische Herleitung mit dem astrologischen Wissen verbunden.

Bei Klangschalen, deren Klangspektren solche Töne enthalten, spricht man von *Planetenschalen*. Sie werden vorwiegend als therapeutische Klangschalen eingesetzt. Durch ihre fest definierten Klangspektren (Planetentöne) soll eine zugeordnete Soll-Wirkung erreicht werden.

Welcher Unterschied besteht nun zwischen einer Klangmassage und einer Klangschalenmassage?

✻ Bei einer <u>Klangschalenmassage</u> werden nur Klangschalen verwendet. Sie werden auf den entsprechenden Körperteil gestellt und sanft angeschlagen d. h., die Klangschale wird zum Klingen gebracht. Selbstverständlich ist eine Unterlage sinnvoll, damit der Körper nicht in direkten Kontakt mit dem kalten Metall kommt. Der Ton der Klangschale wird vom Körper aufgenommen, fließt durch ihn hindurch und erinnert die Zellen an ihre ursprüngliche Schwingungsstruktur und bringt dadurch Ordnung, Klarheit und somit Entspannung und neue Energie. Man erlebt nicht nur die wohltuenden Töne, darüber hinaus spürt man auch die Vibrationen der Schale, die den Körper durchdringt.

✻ Bei einer <u>Klangmassage</u> werden zusätzlich noch weitere Klanginstrumente eingesetzt. Meist kommen hier noch mehrere Gongs und Zimbeln zum Einsatz. Gelegentlich auch tibetische Glocken und die menschliche Stimme. Dadurch kann ein größeres Spektrum an Klängen und Wirkungen erzeugt werden.

Das Grundprinzip ist jedoch bei beiden Massageformen gleich.

Über zwei Wege üben die Klänge der Klangschalen Einfluss auf den Körper aus.

1. Weg: Bei einer Klangmassage fließen die Klänge über das Gehör in das Gehirn.

❊ Ruhige und obertonreiche Musik, wie die der Klangschalen, verlangsamt die Aktivität der Gehirnwindungen, dadurch ist Musik eine gute Möglichkeit meditative Bewusstseinszustände zu erfahren.

❊ Im Zustand tiefer Entspannung, im sogenannten Alphazustand, kann eine neue Übersicht und eine andere Perspektive gewonnen werden, als sie jemand hat, der in seinen Alltag gefangen ist. Als Beobachter mit Abstand und Weitblick ergeben sich daraus neue Lösungsmöglichkeiten.

❊ Klang kann Sicherheit, Überblick, Klarheit und dadurch Mut geben, sich seinen Aufgaben zu stellen, den eigenen Entwicklungsprozess anzuschauen und sich selbst zu erkennen. Der Zugang zu sich selbst bewirkt, dass sich neue Wege auf tun, die Alltagssorgen treten in den Hintergrund und die Seele kommt zur Ruhe. In dieser Stille schöpfen wir neue Lebenskraft.

2. Weg: Die Vibrationen der Klangschalen gehen über die Haut in den Körper.

❊ Die wohltuenden oder sphärischen Klänge der tibetanischen Klangschalen dringen tief in den Körper ein. Eingetaucht in den Klang fällt es leichter, loszulassen und zu entspannen. Misstöne und Blockaden können durch harmonische Klänge aufgelöst und beseitigt werden.

❊ Wohlgefühl und tiefe Entspannung entstehen.

❋ Im Loslassen und geschehen lassen entstehen Neuordnung, Entspannung und Harmonie.

❋ Die Klänge massieren sanft, wie von innen heraus, alle Muskeln, das lockert, bringt Wohlgefühl, Entspannung, macht schön.

Klang löst also Verspannungen und Blockaden. Fließen dann die Klangschwingungen ungehindert durch den Körper hindurch und treten an Zehen und Haarspitzen wieder aus werde die Selbstheilungskäfte mobilisiert und schöpferische Energie freigesetzt. Die Zellen schwingen mit neuer Lebensenergie weiter und gleichzeitig steigt unser Energiehaushalt.

Zusammenfassend kann man sagen, dass die Klangmassage mit Klangschalen in sehr wirkungsvoller Art und Weise dazu verhilft:

❋ als ganzheitliche Methode den Körper, die Seele und den Geist anzusprechen,

❋ jede einzelne Körperzelle zu massieren,

❋ Ruhe und tiefe Entspannung zu finden,

❋ die Zellen im Körper wieder auf Schwung zu bringen,

❋ einen Zustand tiefer Entspannung zu erreichen,

❋ Stress abzubauen,

❋ die Selbstheilungskäfte zu stärken,

❋ körperliche und seelische Blockaden zu lösen,

❋ einen angst- und sorgenfreien Zustand zu erreichen, der meistens noch stunden- oder auch tagelang anhält,

❋ ungenutzte Ressourcen zu aktiviere,

❋ körperlich, mental und emotional in Einklang zu kommen,

❋ die Selbstwahrnehmung zu stärken,

❋ erleichtert *Loslassen* körperlich wie mental,

❋ neue Freude am Leben zu finden,

❋ Intuition und Kreativität zu fördern,

- Selbstbewusstsein und Schaffenskraft positiv zu beeinflussen.

Wer organisch gesund ist, wird durch die Klangmassage in der Entwicklung innerer Harmonie gefördert und energetisch für die Aufgaben des Alltages gestärkt. Bei körperlichen, mentalen und emotionalen Beschwerden hilft die Klangmassage, frei zu werden von Beschwerlichkeiten, die alltäglichen Stress, Sorgen und Ängste bewirken.

Sie ist ein ergänzendes Hilfsmittel zur Stärkung der Selbstheilungskräfte.

Die Klangmassage lebt von der Erfahrung und Intuition des Klangmasseurs. So ist jede Klangmassage und Klangerfahrung einmalig und kann individuell unterschiedlich sein. Daraus ergeben sich die unterschiedlichen Methoden mit der die Klangmassage wirkungsvoll und individuelle auf den jeweiligen Klienten passend ausgeführt wird.

Die Klangmassage findet auch seine Anwendung im Wellnessbereich, bei der Arbeit mit Kindern, mit Behinderten und kann auch zur Eigenbehandlung dienen.

<u>Wellnessbereich:</u>
Bei einer Wellness-Klangmassage genügt eine angenehme Umgebung und ein gefühlvoller Einsatz einiger weniger guter Klangschalen, um eine wohlige Entspannung und innere Gelassenheit auszulösen. Hier geht es nur um die Entspannung und nicht um die Beseitigung, sagen wir einfach um die Beseitigung von kleinen oder großen Zipperlein.

Es steht der Wohlfühlgedanke im Vordergrund.

<u>Arbeit mit Kindern</u>:
Kinder sind für Klangerlebnisse besonders offen. Sie lassen sich gerne auf Fantasiereisen ein, probieren unterschiedliche Schalen und Instrumente aus. Sie erweitern auf spielerische Art und Weise ihre Kreativität. Die kindliche

Wahrnehmung von Klang, Musik und Schwingungen werden intensiviert.

* Förderung der Wahrnehmungsfähigkeit.
* Förderung der Konzentration.
* Förderung der Kreativität.
* Einfluss auf die Beseitigung von Lernschwierigkeiten.
* Verminderung von Prüfungsängsten.
* Entspannen und Wohlfühlen.

Das Spiel mit Klängen eignet sich auch hervorragend zur Förderung von hyperaktiven Kindern. Sie können ganz ohne Medikamente zur inneren Ruhe kommen.

Arbeit mit Behinderten:
Durch die vollständige Auflösung der inneren Unruhe kann für die Behinderten die Basis für eine aktive Kommunikation mit der Umwelt und den Betreuern bereitet werden. Durch die bewusste Körperwahrnehmung, der unterschiedliche Töne, die alle Ebenen des Körpers berühren, können geistig und körperlich Behinderte lernen, den Körper und einzelne Körperteile wahrzunehmen.

Eigenbehandlung mit Klangschalen:
Durch das einfache Anschlagen einer Klangschale kann schon die Eigenbehandlung beginnen, die seine Fortsetzung findet mit dem Aufstellen von Klangschalen auf den eigenen Körper, der Aura Reinigung, dem Sitzen zwischen mehreren Klangschalen, dem Klang atmend und dem Spielen mit Klangschalen.

* Anschlagen: Hören und Erleben des Klanges einer Schale zum Erreichen eines Entspannungszustandes.
* Klangschalen auf verspannte oder schmerzende Körperteile stellen und mit einem passenden Klöppel anschlagen. Dabei lässt sich die Energie in

119

unterschiedliche Richtungen lenken, indem die Schalen von unterschiedlichen Seiten her angeschlagen werden.

❋ Zur Aura Reinigung wird die Klangschale sanft in der Aura um den Körper herum bewegt.

❋ Beim Sitzen zwischen mehreren Klangschalen, die auf dem Boden stehen, werden dies von einer anderen Person angeschlagen. Sie können aber auch selber angeschlagen werden. Durch den Klang und die Schwingungen, die einen umgeben, schafft man sich sein eigenes Klang- und Vibrationserlebnis.

Spielen mit den Klangschalen gibt es verschiedene Möglichkeiten und setzen der eigenen Phantasie keine Grenzen. Hier zu einige Beispiele:

❋ Zwei Personen stehen sich gegenüber, jede hat in der linken Hand eine Klangschale und in der rechten einen Klöppel. Die Arme sind vom Körper weggestreckt. Nun schlägt jeder abwechselnd auf die Schale des anderen mit einer flüssigen Bewegung von rechts nach links.
  − Fördert den Kontakt.
  − Fördert die Bewegung.
  − Macht einfach Spaß!

❋ Durch das Anschlagen der Schalen hören und spüren was sich tut, kann man einfach Musik machen.

❋ Eigene Klangbilder zeichnen - real oder in der Phantasie. Eigener Komponist werden beim Erzeugen der Töne der Schalen.

Die Klangmassage ist eine unterstützende und begleitende Maßnahme bei Heilungsprozessen. Sie ersetzt keine möglicherweise notwendigen ärztlichen Behandlungen. Bei körperlichen Beschwerden sollte man in jedem Fall einen Arzt des Vertrauens aufsuchen.

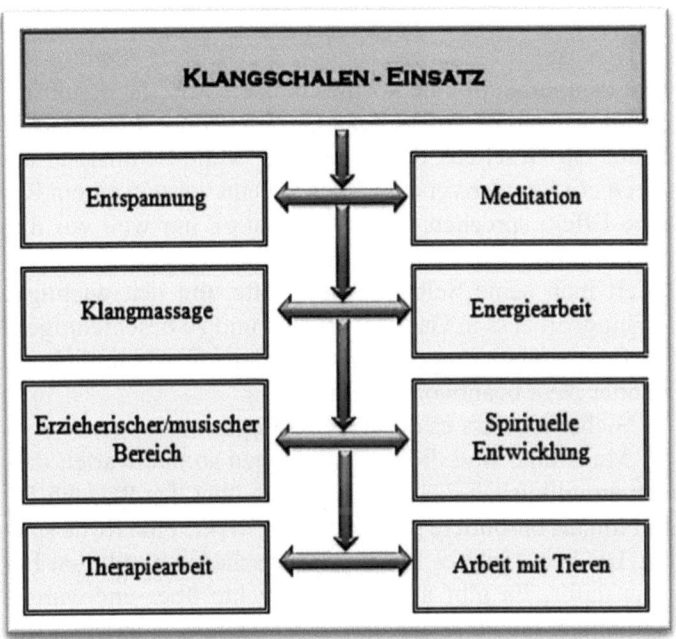

Bild 12: Einsatzmöglichkeiten der Klangschalen.

Also verlassen Sie sich nicht darauf, dass psychische oder körperliche Probleme wie zum Beispiel Rückenschmerzen nur mithilfe der Klangmassage gelinder werden oder gar ganz verschwinden.

Vorsicht bei psychischen Erkrankungen, Nicht-Therapeuten sollten hier von einer Klangmassage die Finger lassen. Sie könnte hier konterproduktive Reaktionen hervorrufen.

„Den Puls des eigenen Herzens fühlen.
Ruhe im Inneren, Ruhe im Äußeren,
wieder Atem holen lernen, das ist es."

Christian Morgenstern

121

2.5. Einiges zu den Selbstheilungskräften des Körpers

Gibt es überhaupt eine kosmische Heilkraft? Ist es nur ein Zufall, wenn durch diese Kraft Qualen gelindert werden? Ist es nur ein Geschenk des Schicksals, wenn Schmerzen *wie durch ein Wunder* verschwinden? Wenn wir von einem Placebo-Effekt sprechen, ist das berechtigt, nur weil wir dies nicht mit unserem Bewusstsein begreifen können? Wie aktiviert man seine Selbstheilungskräfte, um den wichtigen Heilungsprozess in Gang zu bringen und zu beschleunigen?

Fragen über Fragen, die sich jeder unterschiedlich mit *Ja* oder *Nein* beantworten wird.

Sicher ist, dass es diese Heilkraft gibt.

Manchmal sind die Veränderungen so unerwartet, dass sich unwillkürlich die Frage stellt, ob über den Placebo-Effekt hinaus besondere physikalische Effekte eine Rolle spielen. Bis heute gibt es keinen wissenschaftlich gültigen Beweis dafür. Es gibt aber viele Berichte über unerwartete Heilungen, die Patienten und selbst Ärzte erstaunen lassen.

Eins ist jedoch klar, da der Placebo-Effekt an der Grenze zwischen Physiologie und Psychologie des Menschen wirkt, besteht die Möglichkeit der Erforschung dieser beeindruckenden Verbindung zwischen Körper und Geist. Denn nur der Geist ist allein dafür zuständig, den aus Leib und Seele bestehenden Erdenbürger zu lenken.

Kann man hier von *Heilung auf dem geistigen Weg* sprechen?

Diese Frage kann eindeutig mit *Ja* beantwortet werden. Denn Heilkräfte, Selbstheilungskräfte sind in jedem Menschen angelegt und können in jedem Körper, in jeder Seele aktiviert werden, wenn nur der Weg zu ihnen gefunden wird. Festes Vertrauen zu den eigenen inneren Kräften lässt die Energie fließen. Besteht dieses Vertrauen nicht, entsteht eine Blockierung beim Fluss der Energie der Selbstheilungskräfte.

Schon seit Urzeiten lindern Menschen mithilfe ihrer Hände Schmerzen und Unwohlsein. Instinktiv tun wir dies oft auch, wenn wir selbst die Hände an den Kopf oder auf den Leib legen.

Der Körper ist immer ein Spiegel der Seele, das heißt, wenn sie ihre körpereigenen Heilkräfte entfesseln und im Inneren ihrer Seele Frieden ausstrahlen, wirkt sich das auf den Körper aus. Tiefer, verborgener Glauben jenseits des Wachbewusstseins kann am Ende stärker sein als die Therapie des Intellekts.

Es geht also um geistige Kräfte, um die Macht des Bewusstseins, sich einzulassen, sich den Wundern zu öffnen - freilich ohne es einzufordern.

Die Fähigkeit des Geistes, ein in sich geschlossenes Modell der äußeren Wirklichkeit zu schaffen, ist allen Menschen gleichsam gegeben. Die gedachte Positive oder befürchtete Wirklichkeit erschafft sich dabei von selbst. Die scheinbar auftretenden zufälligen Ereignisse in unserer erlebten Realität sind das Ereignis unserer Bewusstseinsausrichtung.

Nehmen Sie zum Beispiel nur einmal den Stress. Er beginnt mit negativen Gedanken, die zu Grübeleien führen, von denen man sich letztendlich unter Druck setzen lässt. Wieder haben wir als Resultat den schönsten Stress, dessen Ursache unsere negative Geisteshaltung war, der mit einem kleinen negativen Gedanken begann.

Unser Körper ist wie ein elektronischer Regelkreis. Eine Krankheit, die der Körper entwickelt, beginnt oft mit Stress. Er will uns damit die Rückmeldung darüber geben, dass unsere Lebenseinstellung unausgewogen ist oder dass wir nicht liebevoll und dankbar sind. Es ist der körperliche Ausdruck, um auf das in der Tiefe liegende Problem nicht optimal fließender Energie hinzuweisen.

Es ist eine direkte *Ursache-Wirkung-Beziehung* im Spiel, denn alles hat eine Ursache und eine Wirkung. Bringen wir die *Ursache in Ordnung*, und wir werden dann auch die *Wirkung in Ordnung* bringen.

Unser Körper folgt den geistigen Befehlen, die sich aus unserem Denken, Glauben und Fühlen ergeben. Wie also die kosmische Energie in unserem Körper freigesetzt wird, liegt daher an jedem Selbst. Wichtig ist es den Körper, die Seele und den Geist wieder in Einklang zu bringen. Wenn sie sich dem Ganzen stellen und sich öffnen, werden sie feststellen, dass sich ihr inneres Wohlbefinden steigert.

Wir sprechen hier von der Gedankenenergie. Alle Gedanken, auch wenn sie nicht ausgesprochen werden, sind eine sehr mächtige Energie.

Ist das uns überhaupt bewusst?

In den wenigsten Fällen ist uns das bewusst.

Unser Denken ist für uns ein völlig alltäglicher Vorgang.

Jetzt kommt das positive Denken ins Spiel, von dem viele schon etwas gehört haben, aber selten angewandt haben.

Warum auch?

Negatives Denken geht viel einfacher. Uns ist dabei selten bewusst, dass wir mit jedem Gedanken unser Leben beeinflussen könnten, im positiven wie auch im negativen Sinne.

Das heißt, Gedankenenergien entstehen mit allem, was wir denken, so ist jede positive oder negative Grundhaltung, wie ein Magnetfeld das Positives oder Negatives anzieht.

Wenn ein Kranker in seinem Denken die Überzeugung schafft, seine Krankheit zu überwinden ist er in der Lage, das unendliche Heilpotenzial der kosmischen Energie freizusetzen. Schon die Beschäftigung mit dem Ziel macht das Bewusstsein frei von den Gedanken der Ausweglosigkeit. Wenn man dann nicht nur mit den Gedanken dabei ist, sondern auch mit dem Herzen, tritt eine positive Veränderung des Zustandes ein. Die Verkrampfung der Seele wird gelöst und mit der aufkeimenden Hoffnung kann man, trotz der Krankheit, das Leben wieder genießen.

Auch das gehört zum Selbstheilungsprozess.

Wir nutzen die unendliche Kraft des Geistes, um sich von Problemen oder Krankheitssymptomen abzuwenden. Die Erfüllung des Wunsches hängt von der Intensität der Phantasie, von der Vorstellungskraft und nicht von äußeren Faktoren ab.

Zum positiven Denken gehört auch die Hoffnung, besonders bei Erkrankungen. Denn wer der Hoffnung keinen Raum gibt, überlässt der Krankheit das Feld und die Angst hat freie Bahn.

Angst und Hoffnungslosigkeit sind Gefühle, die krank machen. Vertrauen und Hoffnung haben heilende Wirkung.

Wenn wir ein Fazit daraus ziehen, besteht die kosmische Heilkraft nicht aus den Schwingungen irgendeines Zauberstaubes, noch in der Beschwörung irgendwelcher Geister, sondern aus der geistigen Kraft des Menschen und der Reaktion der daraus resultierenden innewohnenden Kräfte der kosmischen Energie.

Ohne diese Energie würde der Mensch nicht existieren und nicht nur der Mensch.

Die kosmische Energie hält alle Lebewesen am Leben. Wir sind mit einem Teil unseres seins, dem physischen Körper, über die sogenannte Aura, den feinstofflichen Körper an die Materie gebunden. Daher sind wir in der Lage, Schwingungen und Energien direkt aufzunehmen, welche auf unser Sein zugeschnitten sind. Wir werden von diesen Energiefeldern umgeben und durchdrungen, ohne dass wir diese auf den ersten Blick wahrnehmen.

Es ist wichtig, die eigene Aura-Energie wahrzunehmen und zu stabilisieren, Fremdenergien an sich zu erkennen und energetische Tiefs zu verhindern. Die persönliche

Energie ist eine Grundlage des Lebens. Wer diese bei sich erkennt, kann seine Kräfte besser verstehen und steuern. Je bewusster diese Energie für unsere Heilung eingesetzt wird, desto heiler wird auch unsere Welt.

Probieren sie es aus und sie werden es erleben.

Die kosmische Energie sorgt mit ihren Selbstheilungskräften dafür, die Menschen auf unterschiedliche Weise zu heilen und gesund zu erhalten.

Denken wir nur daran, wenn wir uns geschnitten haben.

Was macht da unser Körper?

Nach einiger Zeit hört die Wunde auf zu bluten, die Wunde vernarbt, bis schließlich die Wunde durch Abfall des Schurfes ganz verschwunden ist.

Hier wissen wir, auch wenn wir nicht daran glauben, dass *es* geschieht, und sehen die Heilung nicht als ein Wunder an, obwohl es im gewissen Sinne ein kleines Wunder ist. Offensichtlich ist irgendetwas in uns in der Lage, im ganzen Körper ordnend einzugreifen. Hierbei gibt es jedoch einen gravierenden Unterschied zu den chemischen Arzneimitteln, die zu unangenehmen Nebenwirkungen führen können. Halten Sie sich dabei immer vor Augen, das chemische Mittel zwar Leben retten können, aber alleine niemanden gesund machen.

Die einmal angeregten Selbstheilungskräfte durch den Geist, durch das Unterbewusstsein wirken direkt dort, wo sie der Körper zur Heilung benötigt.

Das Zentrum der Selbstheilung befindet sich im Inneren eines jeden Menschen und das Unterbewusstsein ist die Wiege des gesamten Prozesses. Dort werden die Gedankenkräfte angeregt und freigesetzt.

Sie brauchen nur als Grundvoraussetzung die notwendige Einstellung und mentale Verfassung. Dies ist das Tor, durch das sie gehen müssen.

Vielleicht kann sich ein jeder jetzt vorstellen, was das Sprichwort bedeutet:

Der Glaube kann Berge versetzen!

Es ist, als ob im Bewusstsein der Gedanke wirksam wird, dass eine Heilung geschehen kann. Es gibt also die Heilkraft des Geistes, der Seele, des Bewusstseins, also die verborgene Fähigkeit zur Selbstheilung. Es ist durchaus berechtigt Seele, Geist und Bewusstsein in einem Atemzug zu nennen, obwohl diese drei Bereiche eng miteinander verwoben sind, gibt es Unterschiede.

Wenn wir davon abkommen, die Krankheit nur als *Ding* zu lokalisieren sind wir auf dem richtigen Weg. Das Wichtigste für eine erfolgreiche Heilung ist, dass die gewählten Methoden sich gut und richtig anfühlen und ein gesundes Vertrauen in die Selbstheilungskräfte des eigenen Körpers vorhanden sind.

Das heißt nicht, dass generell jedes Leiden auf diese Weise geheilt werden kann, das wäre vermessen dies zu behaupten.

Das wäre zu einfach.

Aber die Aktivierung der Selbstheilungskräfte kann zur erheblichen Linderung und in vielen Fällen auch zur Heilung beitragen.

Auch wenn ein Arztbesuch in keinem Falle ausgeschlossen werden sollte, ist es vielleicht die letzte Möglichkeit bestimmte Erkrankungen so weit in den Griff zu bekommen, dass sie ganz verschwinden.

Ein Versuch ist es wert, denn dort, wo die Schulmedizin leider oft aufgeben muss, können die sogenannten Selbstheilungskräfte tatsächlich weiterhelfen.

Wenn sich die Schulmedizin und die Alternativmedizin harmonisch vereinen, und nicht wie Kontrahenten oft gegenüberstehen, könnte vieles anders, besser und humaner werden. Es geht um die Ganzheitlichkeit. Ideal wäre es, dass bereits beim Arzt der ganzheitliche Heilungsprozess in Gang gesetzt wird.

Denn wenn der Mensch als jene Einheit von Körper, Geist und Seele behandelt wird, die er in Wirklichkeit ist, dann können auch die Selbstheilungskräfte aktiviert werden.

Allein die positive Überzeugung, das Vertrauen, der Glaube daran, dass alles gut wird, kann einen komplizierten biologischen Prozess in unserem Körper auslösen. Es ist die Macht des Geistes über die Materie. Es ist das Wunder der Entfaltung der kosmischen Energie an der eigenen Person.

Natürlich schließt das nicht aus, quälende Symptome mit den Mitteln der konventionellen Medizin oder anderen Verfahren zu bekämpfen, denn wenn auch seelische Zusammenhänge erkennbar werden, bedeutet das noch keine unmittelbare Heilung. Echte Heilung erzielt man nur dann, wenn man auf die Ursachen, auf die geistig-seelische Ebene des Menschen eingeht und ihm hilft, den inneren Schmerz zu überwinden.

Ganzheitlich wird eine Behandlung:

✳ wenn der Mensch insgesamt betrachtet wird,
✳ nicht nur der Körper,
✳ sondern auch der Geist, der nicht körperliche Teil
✳ und die Seele, die Psyche des Menschen.

Der Mensch ist nicht nur eine biologische Apparatur, sondern ein Geistwesen, das in ein Netzwerk von Beziehungen eingebunden und mit der Welt insgesamt verkettet ist.

Abhängig von den Lebensumständen des Kranken und der Einstellung des Arztes von Hoffnung, Glaubensvorstellungen, Erwartungen und Vertrauen ist der Heilungsprozess immer ein individuelles Vorgehen. Tiefes Vertrauen ist notwendig, um mit ganzem Herzen bereit und fähig zu sein, auch in einer aussichtslos erscheinenden Situation nicht die

Hoffnung zu verlieren. Gewissheit, Mitgefühl und Vertrauen sind die wichtigsten Faktoren um einen Prozess der Heilung zu bewirken.

Der Mensch ist keine Maschine, sondern ein Wesen, für das körperliche, seelische und spirituelle Bedürfnisse gleichermaßen wichtig und für eine Heilung entscheidend sind. Wenn also eine Heilung geschieht, können alle Ebenen, ohne eine besonders hervorzuheben oder geringer zu schätzen, daran beteiligt sein. Die unterschiedlichen Wirkungsebenen können nicht einfach voneinander getrennt werden.

Der Körper, der Geist und die Seele bilden eine Einheit, die immer vollkommener zusammenarbeitet, wenn jeder seinen Anteil erhält.

Selbstverständlich kann man nicht in jedem Fall eine komplette Gesundung oder Heilung versprechen, das obliegt den Quacksalbern und Humbuck-Gauklern. Es gab aber bereits viele Menschen, an denen die Schulmedizin keinen Heilungsprozess mehr versuchen konnte und keinen medizinischen Lösungsweg mehr fand, und diese dennoch nicht aufgaben. Durch die Kraft der Gedanken, eine Kraft aus dem eigenen Körper aktiviert, versuchten sie ihre Schmerzen zu lindern und viele hatten Erfolg damit.

Heute, wie auch in der Vergangenheit geschehen, bzw. geschahen Heilungen, auch von unheilbaren Krankheiten.

Im inneren Unterbewusstsein liegt die Schatzkiste mit den Kräften, die zur Selbstheilung eingesetzt werden können.

Aus einem Wunsch kann ein Wunder werden.

Sie müssen es nur wollen.

Sie fühlen sich auf jeden Fall rundum wohler und regen dadurch ihre wichtigsten Selbstheilungskräfte an.

Welche Nachteile können einem nun bevorstehen, wenn man versuchen würde, die Heilung durch die Kraft der

Gedanken in Betracht zu ziehen, und es nicht funktionieren sollte?

Keine!

Das ist das ganze *Geheimnis* bei dieser Angelegenheit.

Wie sieht es mit den Medikamenten aus, die häufig chemisch hergestellt werden? Verursachen sie nicht oft eine negative Reaktion in unserem Körper? Fühlt man sich fix noch schlechter, als es einem ohnehin schon geht?

Beantworten sie sich diese Fragen selbst, denn ihnen ist es überlassen, ob sie sich das noch länger antun wollen oder nicht.

Trotzdem möchte ich in diesem Zusammenhang noch einmal deutlich machen, dass die Entfaltung der Selbstheilungskräfte keinen Ersatz bilden für schulmedizinische Therapien oder Behandlungen. Die Heilung durch den Geist kann die medizinische Behandlung harmonisch ergänzen.

Deswegen hier ein paar Regeln, die neben allen anderen wesentlich zur Gesunderhaltung des Körpers beitragen:

❋ Entspannen sie sich regelmäßig, denn *einmal, ist keinmal* und außerdem erfordern viele Entspannungstechniken Übung und Regelmäßigkeit.

❋ Entspannung darf nicht erzwungen werden. Druck führt eher zum Gegenteil.

❋ Legen Sie einen konkreten Zeitpunkt fest, an dem man regelmäßig die gewählten Entspannungstechniken durchführt. Es ist sinnlos, erst mit der Entspannung zu beginnen, wenn bereits Stresssituationen existieren.

❋ Reden sie sich nicht ein, sie könnten nicht entspannen, das stimmt nicht. Probieren sie die verschiedenen Techniken aus und suchen sie sich die effektivste Technik aus, die ihnen am besten liegt.

❋ Die Ausrede, sie hätten keine Zeit dafür gilt gleich gar nicht. Für das persönliche Wohlergehen muss man sich

Zeit nehmen, auch wenn es nur wenige Minuten täglich sind.

Ein jeder ist jedoch für sich, seinen Glauben und seine Gesundheit selbst verantwortlich und muss seine eigenen Entscheidungen treffen.

„Die Kraft der Gedanken ist unsichtbar wie ein Samen, aus dem ein riesiger Baum erwächst. Sie ist aber der Ursprung für Veränderungen im Leben des Menschen."

(Leo Tolstoi)

2.6. Die Aura und die Chakren

1. Die Aura

Alle biologischen Systeme wie z. B. Menschen, Tiere, Pflanzen und Wasser haben eine Aura. Diese besteht aus mehreren nicht sichtbaren Energiekörpern, die den sichtbaren Körper umfließen. Ein Feld, welches bis zu mehreren Metern über den Körper hinaus geht.

Die Aura ist der bloße Reflex, der im Inneren brennenden Lebenskraft. Diese Lebenskraft ist Energie, eine Form der reinen Energie, der kosmischen Energie. Sie reflektiert den augenblicklichen physischen, emotionalen und spirituellen Lebenszustand eines jeden Einzelnen.

Wie sieht nun diese Aura aus?

Sie umgibt die Konturen des Körpers und erstrahlt entsprechend seines Gemütszustandes in den unterschiedlichsten Farben. Wer sich darauf versteht, vermag an der Intensität ihrer Farben:

❋   auf den Gesundheitszustand,

131

* die Redlichkeit und
* die Entwicklungsstufen

des jeweiligen Menschen die entsprechenden Schlüsse ziehen, aber auch

* Gemütsbewegungen und
* Krankheiten

erkennen.

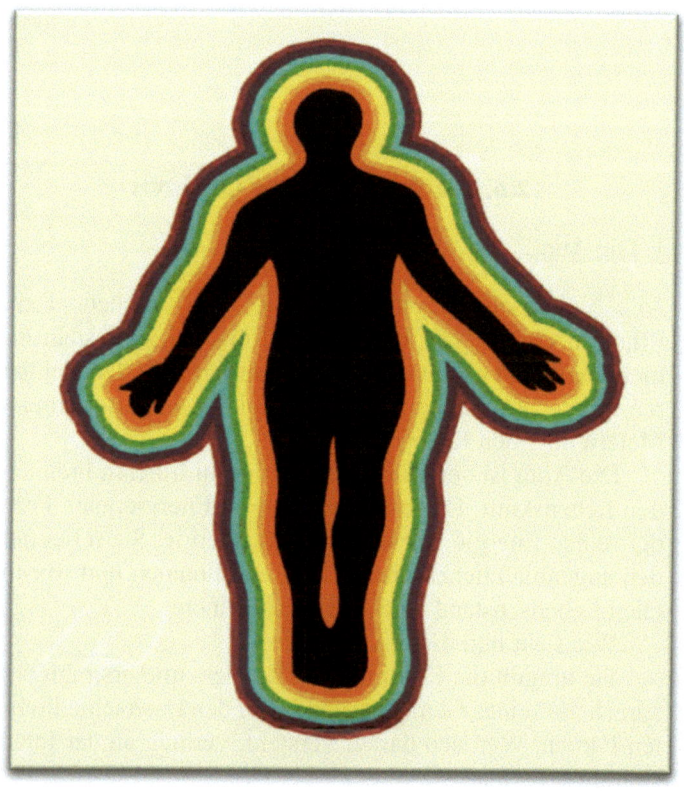

Bild 13: Die menschliche Aura.

Störungen und Verletzungen in der Aura, aber auch die gesunde Aura kann über die Hände wahrgenommen werden. Es gibt Menschen, die mit der notwendigen Einstellung, der notwendigen Mentalität und je nach ihrem spirituellen Entwicklungsstand in der Lage sind, nach einer gewissen Geübtheit die Aura zu erkennen.

Die menschliche Aura unterteilt sich in sieben nicht sichtbare Energiekörper:

* somatischer Energiekörper,
* energetischer Energiekörper,
* vegetativer Energiekörper,
* emotionaler Energiekörper (wird auch oft als Astralkörper bezeichnet),
* genetischer Energiekörper,
* mentaler Energiekörper,
* spiritueller Energiekörper (Diese Auraschicht enthält unter anderem Seelenverträge, Gelübde usw. Sie wird nach dem Tode vollständig ins nächste Leben übernommen).

Jeder dieser sieben Energiekörper hat sieben Chakren (von bestimmten Körperstellen ausgehende trichterförmige Energiewirbel), von denen ein Chakra pro Energiekörper dominiert.

Hier sei noch anzumerken, dass es in der Literatur keine einheitliche Darstellung und Bezeichnung für die Aura und die Chakren gibt.

Neben der Fähigkeit einiger Menschen, die Aura zu sehen, kann sie mit folgenden biophysikalischen Testmethoden erfasst werden:

* Kinesiologie, spezielle Transformationskinesiologie
* Physikalische Radiästhesie, speziell Biofeldtest
* Mentales Testen

Die Aura kann je nach der Stimmungslage des Menschen heller oder dunkler sein bzw. in unterschiedlichen Farben schimmern. Diese menschliche Aura, um es noch einmal zu verdeutlichen, ist der Bote oder der Sender des Menschen an die Umwelt, was sein Körper mitteilen möchte.

Hier einige Beispiele, wie sich das ausdrückt:

* Gesundheitszustand, Rücksichtslosigkeit und Stolz
  - An der Farbe und der Intensität der Aura,
  - orange leuchtend.
* Ob jemand die Wahrheit sagt
  - Art des Fluktuierens der Farben.
* Reiner Mensch in Erregung, Treue aber auch Launenhaftigkeit
  - Blauer Rauch *(unentwickelt)*, aus dem grellrote Flecken *(Gemütsbewegungen)* hervorleuchten.
* Energie, Kreativität aber auch Betrug und Verrat
  - grünliches leuchten.
* Weisheit, Eifersucht, Geiz aber auch der immer alles wörtlich nimmt
  gelblich verfärbt.

<u>Positive Gedanken</u> (es zählen dabei auch unbewusste Gedanken), positive Gefühle oder positive Handlungen machen die Aura heller.

<u>Negative Gedanken</u> (es zählen dabei auch die unbewussten Gedanken), negative Gefühle (auch diejenigen Gefühle, die wir uns nicht erlauben, bewusst zu fühlen, beeinflussen die Aura), negative Handlungen, unverarbeitete, negative oder traumatische Erlebnisse lagern sich als dunkle Energiewolken in der Aura ab, und verdunkeln so die Aura.

Praktisch jede Meditationsform macht die Aura reiner. Selbst wenn Sie sich einfach entspannen, und ein paar Mal tief durchatmen, harmonisieren sie bereits ihre Aura (weil auch die Muskelentspannung sich als elektrische Spannungsfelder in der Aura widerspiegelt).

2. Die Chakren

Chakra ist ein Wort aus dem altindischen Sanskrit und bedeutet *Rad.*

Den Überlieferungen alter Schriften zufolge befinden sich ca. 88.000 solcher Räder oder Wirbel an unseren Körper. *Chakras* sind die feinstofflichen Kraftzentralen des Körpers. In ständiger Drehbewegung nehmen sie Energie aus dem Kosmos auf und geben sie wieder ab.

Die sieben Hauptchakren befinden sich an den verschiedenen Stellen, des menschlichen Körpers.

※ Das Scheitel- und Kronenchakra befindet sich außerhalb des grobstofflichen Körpers oberhalb des Kopfes. Es ist nach oben geöffnet und verbindet uns mit dem Himmel und dem Göttlichen. Es ist das Bewusstseinszentrum der Spiritualität, der Erleuchtung und der Religiosität des Menschen. Der Mensch gibt in diesem Stadium seine Identität auf, um den göttlichen Plan zu erfüllen.

※ Das Dritte Auge befindet sich zwischen den Augenbrauen. In diesem Bewusstseinszustand wird Weisheit und Erkenntnis erlangt. Wir besitzen die Weisheit und wir verfügen über eine sichere Intuition, wie wir uns in unserer Umwelt richtig bewegen müssen.

※ Das Kehlkopfchakra befindet sich auf der Höhe des Kehlkopfes. Es steht für die Wahrheitsfindung und die

Kommunikation. Wir haben gelernt, durch Gespräche Harmonie in unsere Umwelt zu bringen.

* Das Herzchakra liegt auf der Höhe des Herzens und ist der Mittelpunkt des Charaktersystems. Es ist in seiner gereinigten Form der Sitz der bedingungslosen Liebe. Wir erfahren, was Liebe heißt, dass wir nicht nur ein empfangendes Wesen sind, sondern auch ein Teil der Gemeinschaft. Ebenfalls gehören das Mitgefühl und die Menschlichkeit zu diesem Bewusstseinsstand.

* Das Nabel- oder Solarplexuschakra befindet sich etwas oberhalb des Nabels auf der Höhe des Solar-Plexus. Es ist den Feuerelementen zugeordnet (Licht, Energie, Wärme usw.). Es steht für die Entwicklung des *„Ichs"* *sowie* die Durchsetzungskraft in der eigenen Umwelt. Dabei ist nicht das mit Gewalt Durchsetzen gemeint, sondern das Finden eines harmonischen Weges, seine eigenen Ideen zu verwirklichen.

* Das Sakralchakra, es ist das zweite Chakra und liegt etwa eine Handbreit unter dem Bauchnabel. Es steht für die ursprüngliche Lebenslust, die göttliche Schaffenskraft und ist der Sitz ungefilterter ursprünglicher Emotionen. In dieser Bewusstseinsstufe liegt die Kreativität. Eng verbunden mit der Schaffenskraft ist der Fortpflanzungstrieb, der mit dem Schaffen von etwas Neuem verbunden ist.

* Das Basis- oder Wurzelchakra ist das unterste Chakra und befindet sich in der Höhe des Steißbeines. Es ist unsere Wurzel, die uns energetisch mit der Erde verbindet. Hier liegt die erste Bewusstseinsstufe des Menschen. Dieses Chakra verbindet uns mit der physischen Welt, dem Irdischen.

Es sei an dieser Stelle aber noch angemerkt, dass es auch noch sogenannte Neben-Chakren gibt.

Es sind Energiezentren, die wesentlich kleiner sind als unsere Hauptchakren.

Diese Neben-Chakren steuern spezielle energetische Prozesse im Körper.

Die Hauptchakren, die Nebenchakren und die Meridiane bilden zusammen ein energetisches Netz, dass die Körperfunktionen, das geistige und seelische Wohlbefinden beeinflusst.

Störungen bzw. Blockaden können sich in den einzelnen Chakren unter anderem äußern, wie folgt:

Chakra	Störungen / Blockaden
Kronen Chakra *(Sahas-rara-Chakra)*	✤ Immunschwäche, ✤ chronische Krankheiten, ✤ Depressionen, ✤ Verwirrtheit, ✤ Realitätsflucht.
Stirn Chakra *(Ajna-Chakra)*	✤ Kopfschmerzen, ✤ Erkrankungen der Sinnesorgane, ✤ Konzentrations- und Lernschwäche, ✤ übertriebene Ängstlichkeit.
Hals Chakra *(Vishud-dha-Chakra)*	✤ Schilddrüsenkrankheiten, ✤ Nackenschmerzen, ✤ Sprachstörungen, ✤ Hemmungen, ✤ Mangel von Ausdrucksmöglichkeiten.

Herz Chakra (*Anahata-Chakra*)	❀ Herz- und Kreislauferkrankungen, ❀ Haut- und Lungenerkrankungen, ❀ Kontaktschwierigkeiten, ❀ Gefühlskälte, ❀ mangelnde Abgrenzung.
Solarplexus Chakra (*Manipura-Chakra*)	❀ Verdauungsstörungen, ❀ Magenprobleme, ❀ Diabetes, ❀ Überwicht, ❀ Aggressivität, ❀ Unsicherheit, ❀ Schlafstörungen, ❀ Albträume.
Sakral Chakra (*Svadhist-hana - Chakra*)	❀ Krankheiten an den Geschlechtsor-ganen, ❀ Störungen im sinnlichen Empfinden, ❀ Über- und Unterfunktion des Sexual-triebes, ❀ Süchte, Antriebslosigkeit.
Wurzel Chakra (Mulad-hara-Chakra)	❀ Verstopfungen, ❀ Kreuzschmerzen, ❀ Knochenerkrankungen, ❀ existentielle Ängste, ❀ Mangel an Vertrauen.

Für die einzelnen Körperbereiche und Chakren werden unterschiedliche Planetenschalen verwendet. Die Schalen

werden - in der Regel von den Füßen ausgehend zum Kopfbereich - nacheinander auf den Körper gelegt.

„Phantasie ist wichtiger als Wissen, denn Wissen ist begrenzt."

Albert Einstein

2.7. Ablauf einer Klangmassage

Sicherlich hat sich der eine oder andere schon mit der traditionellen chinesischen Philosophie beschäftigt und kennt
den Begriff Qi. Bei Qi, Chi oder Prana handelt es sich um
die Lebensenergie, die uns Menschen, seit mindestens
7.000 Jahren bekannt ist. Diese virale Energie durchdringt
und begleitet alles, was existiert. Sie ist weit mehr als reine
Lebenskraft. Sie ist Bewusstsein in energetischer Form, die
Gestalterkraft der Natur und die Information des Seins.

Sichtbar für den einen, unsichtbar für die anderen, wirkt
und dreht sie sich in allem und jedem.

Mithilfe der Klangschalen besteht eine gute Möglichkeit, diese existenzielle Energie zu spüren und zu erleben.
Dabei gibt es die Vorstellung, dass der Körper in eine
Wolke aus Schall und Energie gehüllt ist und diesen vollständig durchdringt.

Eine Klangmassage ist bereits mit einer einzigen Klangschale möglich. Meist werden jedoch mehrere tibetanische
Klangschalen, in verschiedenen Größen auf und neben den
Körper gestellt und nach einem bestimmten System angeschlagen. Beginnen diese zu schwingen, so verteilen sich
diese Schwingungen nach und nach je nach Blockaden in
unserem Körper vom Kopf bis zu den Zehen oder Fußspit-
zen und treten wieder heraus.

Die Klangschalen schwingen in eine Richtung.

139

Die Dauer einer therapeutischen Klang-Sitzung kann, ganz auf die jeweiligen Bedürfnisse abgestimmt, von Mal zu Mal variieren. Dabei sollte sich kein Gürtel oder metallener Gegenstand an der Kleidung befinden, weil diese Gegenstände durch eine unvorsichtige Berührung mit den Klangschalen zu unerwünschten Klängen führen. Ebenfalls sollte der Massagegast angezogen sein, da die Metallschalen kalt sind.

Nach einem kurzen Informationsgespräch werden Klangschalen auf und um den bekleideten Körper gestellt und sanft angeschlagen. Der gesamt Körperbereich kommt auf diese Weise in harmonische Schwingungen, die zu einer tiefen Entspannung und zur Lösung muskulöser Verspannungen führen. Der Klang wird dabei nicht mehr vorrangig über das Gehör, sondern wird vom gesamten Körper als Körperschall oder Vibrationen wahrgenommen, auch über die eigentliche Behandlungsdauer hinaus.

Um sich völlig zu entspannen, genügt es nicht, sich einfach hinzusetzen und die Augen zu schließen. Die bestmögliche Wirkung wird erreicht, wenn es gelingt, sich in einem Tiefschlaf ähnlichen Zustand zu versetzen. Diesen Zustand zu erreichen ist nicht einfach. Aber es gibt Möglichkeiten, wie man diesen mit etwas Training erreichen kann.

❋ Hinsetzen und Augen schließen.
❋ Ruhig atmen.
❋ Auf den Atem konzentrieren mit dem Ziel, das dieser natürlich fließt.
❋ Ununterbrochene Wiederholung eines monotonen Wortes, das überhaupt keinen Sinn hat.
❋ Alle Gedanken abweisen, indem sie sich eine einfarbige Fläche, am besten Weiß vorstellen.

Es wird ein Zustand erreicht, der der Gleiche ist, als wenn man mit offenen Augen träumt bzw. es tritt ein ähnlicher Effekt auf, als hätte man einen längeren Mittags-schlaf gemacht oder meditiert. Man spricht hierbei von dem Alpha-Zustand, einen Zustand entspannter Wachheit. Wir sind zwar geistig noch klar, aber in völliger Ruhe und Ent-spannung. Die Augen sind geschlossen, geistige Bilder ent-stehen, Gedanken kommen assoziativ.

* Durch die wohltuenden Schwingungen werden die Zellen im Körper in Schwung gebracht.
* Eine tiefe Entspannung entsteht.
* Die reinigende und ordnende Wirkung der Klänge stärkt den Körper energetisch und wirkt vitalisie-rend.
* Es entsteht mehr Klarheit und tiefer Selbsterkennt-nis.
* Lebensfreude wird gefördert.

Anschließend gibt es Raum zur Nachruhe und für ein abschließendes Gespräch, welches die Möglichkeit bietet, die gemachten Erfahrungen während der Klangmassage mitzuteilen. So können auch Ansatzpunkte für nachfol-gende Behandlungen festgehalten werden.

Insgesamt sollte für die Klangmassage zur Tiefenent-spannung und Gesundheitsvorsorge etwa 1 Std. Zeit einge-plant werden.

Doch selbstverständlich gibt es für den Ablauf mit Klangschalen keine festen Regeln.

Es können dabei verschiedene Techniken ausprobiert werden und ganz eigene Methoden entwickelt werden. Wichtig ist das über die Klangschalen ein Weg gefunden wird, der intensiv zu Entspannung und zum Stress Abbau führt.

Deswegen ist es wichtig:

* dass man mit dem Instrument vertraut ist,

* die Bewegungsabläufe für das Anschlagen der Schale verinnerlicht hat
* und mit einfachen Übungen beginnt.

1. Der Behandlungsraum

Im Behandlungsraum spielt im wahrsten Sinne des Wortes die Musik. Wichtig ist, dabei eine Lage des Raumes auszusuchen, die einen Schutz vor ungewünschten Einblicken und akustischen Störungen gewährleistet.

Der Raum muss bereits beim Betreten ein gewisses Wohlgefühl ausstrahlen durch seine Aufgeräumtheit, der vorherrschenden Sauberkeit, dem angenehmen Duft, der in der Luft schwebt sowie durch seine ansprechende Gestaltung.

* Kein direktes Licht, besser indirekte Beleuchtung.
* Pastelltöne in warmen Gelb, gelborange, sanften Orange.
* Wohl temperiert, mindestens 20 °C.
* Ätherisches Öl nach Wahl des zu Behandelnden.

Wichtig ist es, eine angenehme Umgebung und Atmosphäre für Klangmasseur und, Empfangenden zu schaffen. Ätherische Duftöle, Räucherstäbchen, Blumenblätter - es darf und soll ein echtes Ritual sein.

Im Behandlungsraum Natur, im Freien ist es notwendig, einen geeigneten Untergrund zu finden. Eine Hanglage ist beispielsweise nicht geeignet und selbst bei ebenen Boden ist es wichtig, eine geeignete Unterlage mitzuführen, damit der Schall nicht durch das Gras gedämpft wird. Alternativ kann in der Natur die Klangschale auch in der Hand gehalten werden. Sehr wichtig ist es, dass am gewählten Ort eine große Ruhe herrscht.

Nachdem der geeignete Ort gefunden wurde, ist es sinnvoll, eine Yogamatte oder einen kleinen Teppich auf den Boden zu legen.

2. Orientierungsgespräch

Eine Klangmassage beginnt immer mit einem Orientierungsgespräch, dabei sollte das Hier und Jetzt im Mittelpunkt stehen. Im Gespräch werden Erwartungen, Gefühle, körperliche und seelische Beschwerden geklärt. Aber auch Grenzen der Klangschalenmassage sollten besprochen werden. Dabei stellt sich der Klangmasseur voll auf den Empfangenden ein und bittet auch während der Klangmassage um ein Feedback, wenn etwas nicht angenehm ist. Erst dann erfolgt die Auswahl der Klangschalen, die Berücksichtigung des besonderen Duftwunsches und die einfühlsame Behandlung, die die Bedürfnisse des Empfangenden ernst nimmt.

3. Auswahl der Klangschalen

Die für die individuelle Klangmassage benötigten Klangschalen werden in dem einführenden Gespräch intuitiv und gemeinsam mit dem Kunden ausgesucht. Wichtig dabei ist, immer auf das Gefühl des Empfangenden zu hören. Wenn ein Ton nicht gefällt oder eine Klangschale nicht angenehm ist, dann ist eine andere auszusuchen. Wichtig ist, die Klangschale auszusuchen, die für den Empfangenden aufbauend, unterstützend und kräftigend ist.

Planetenschalen haben den entscheidenden Vorteil, dass sie vom Klangmasseur bewusst eingesetzt werden können, denn ihre Wirkungen sind bekannt. Auch der Kunde kann bewusst entscheiden, welche Wirkung er mit einer Klangmassage auslösen möchte. Außerdem können die Töne sinnvoll kombiniert werden und mit bestimmten Kombinationen gezielt bestimmte Wirkungen erzeugt werden.

4. Liegepositionen bei der Klangschalenmassage

Klangschalenmasse kann in der Bauch-, Seiten- und Rückenlage durchgeführt werden.

Die Bauchlage hat einige Vorzüge gegenüber den anderen Körperlagen:

❋ Der Behandelnde fühlt sich sicherer.

❋ Weiche und verletzliche Teile werden durch die Unterlage geschützt.

❋ Größere (schwere) Klangschalen werden auf dem Rücken eher als angenehm empfunden.

❋ In der Rückenlage neigt der Behandelnde eher zu Kontrollblicken. Das behindert das völlige Loslassen.

❋ Über die Reflexzonen in den Fußsohlen kann der ganze Körper erreicht werden.

❋ Verspannungen im Rückenbereich können gelöst werden.

Menschen mit stattlichem Bauch, Schwangere und Menschen mit Leiden, denen eine Bauchlage unangenehm ist, können in der Seiten- oder Rückenlage eine Klangmassage erhalten. In jeder Position helfen Kissen, Rollen und Decken dabei, eine möglichst bequeme Lage zu finden.

Diese Klangmassagen können am Boden oder mithilfe einer Liege durchgeführt werden. Das Wichtige dabei ist, dass man von mindestens drei, besser noch von allen vier Seiten an den zu Behandelnden herankommt. Die Liegefläche sollte weich und bequem sein, aber man darf darauf nicht zu sehr einsinken.

5. Positionieren der Klangschalen

Die Klangschale muss richtig in der Hand gehalten werden. Dabei ist es möglich, den Boden durch die offene Hand oder durch die Fingerspitzen abzustützen. Wichtig dabei ist es, dass der Rand nicht berührt wird. Dies kann den Schall empfindlich dämpfen.

Eine weitere Alternative ist es die Klangschale auf den Körper oder auf den Boden zu stellen.

Die Klangschalen sind auf eine rutschfeste Unterlage zustellen, damit diese direkt angespielt werden können. Hier ist es sinnvoll, verschiedene Unterlagen auszuprobieren, um auch hier sicherzustellen, dass sich die Schallwellen voll entfalten können und nicht durch den Kontakt zum Untergrund gedämpft werden. Dabei sind die Klangschalen so zu positionieren, dass diese schnell und bequem erreichbar sind und somit ein reibungsloser Ablauf gewährleistet wird.

Liegt der Kunde bequem, werden die Klangschalen (nacheinander oder gleichzeitig) auf bestimmte Stellen des bekleideten Körpers gestellt und der Klangtherapeut bringt diese zum Klingen, indem er sie entweder sanft am oberen Rand anschlägt oder reibt.

Der Klangmasseur sollte dabei ohne Anstrengungen und ohne sich über den zu Massierenden zu beugen alle Klangschalen berühren können. Dabei muss seine Aufmerksamkeit ganz beim Kunden und ihm selbst liegt.

Für die einzelnen Körperbereiche werden unterschiedliche Klang- und Planetenschalen verwendet. Die Schalen werden, in der Regel von den Füßen ausgehend zum Kopfbereich, nacheinander auf den Körper aufgelegt und angeschlagen.

Während der Klangmassage wird nicht gesprochen. Dennoch stehen Klangmasseur und Empfangender in einem ständigen Dialog. Der Klangmasseur nimmt die Schwingungen der Schalen und die Reaktion des Liegenden wahr und hört auf die Rückmeldung.

6. Ausklang, Erwachen, Nachgespräch

Die Klangmassage klingt langsam aus. Die Anschläge werden sanfter und stiller, nach und nach nimmt der Klangmasseur die Schalen vom Körper, führt sie noch einmal über den Körper und durch die Aura und setzt sie an den Platz, an dem sie vor der Massage standen.

Ist der Kunde bei der Klangmassage eingeschlafen oder so tief entspannt, dass er das Ende der Klangmassage nicht realisiert hat, wird er nach ein paar Minuten (zwei bis fünf 5 Minuten) sanft aufgeweckt. Denn wie beim autogenen Training befindet sich der Kunde nach der Klangmassage in einem Zustand der Tiefenentspannung. Hüpfen, strecken, gähnen, Arme und Beine ausschütteln hilft dabei, wieder richtig wach zu werden.

Nach der Klangmassage kann der Empfangende sein Feedback geben und über seine Erlebnisse, Empfindungen und Gedanken reden. Für den Klangmasseur ist das auch eine wichtige Feedback-Quelle, um kommende Sitzungen und generellere Arbeitsmethoden zu gestalten.

Mögliche Fragen, die gestellt werden könnten:

* Wie fühlen Sie sich jetzt?
* Sind Ihnen besondere Momente aufgefallen?
* Haben Sie die Massage an manchen Stellen besonders angenehm oder unangenehm entfunden?
* Haben Sie Probleme / Beschwerden? (ggf. Arztbesuch empfehlen).
* Kann ich noch etwas Gutes für Sie tun?

Im Idealfall ist eine Kundenkartei angebracht, um bei der nächsten Massage noch individueller vorgehen zu können. Diese Vorgehensweise ist immer mit dem Klienten abzustimmen, wegen der Speicherung von persönlichen Daten!

7. Angebote und Preise

In der Regel werden folgende Preise für die einzelnen Angebote genommen. Diese können abhängig von dem Anbieter aber auch niedriger liegen. Die Preise bewegen sich im Bereich zwischen 15,00 bis 300,00 Euro.

Einfluss auf die Höhe des Preises haben folgende Faktoren:

- ❀ Die Zeit: Diese kann zwischen 30 und 60 Minuten liegen.
- ❀ Die Art: Ist es eine Klangmassage zum Kennenlernen, zur Tiefenentspannung, Behandlung und Prophylaxe beim Burn-out-Syndrom, eine Klangtherapie, eine Klangmassage-Kuren zur Revitalisierung, eine Heilbehandlung oder Gesundheitsvorsorge, eine kleine oder große Klangkur.

Über den genauen Preis sollte man sich vor Ort bei dem durchführenden Klangtherapeuten informieren, deswegen können angegebene Preise in der entsprechenden Literatur oder im Internet nur als Richtlinie dienen.

Öffne für Veränderungen deine Arme, aber verliere dabei deine Werte nicht aus den Augen.

Dalai Lama

2.8. Arten und Auswahl der Klangschalen

Es gibt kein Geheim-Rezept für eine gute Klangmassage. Klangmassage ist einerseits ein Handwerk, das man lernen kann, aber im hohen Maß auch eine intuitive Tätigkeit. Wie bei allen Handwerken spielen die Kenntnisse über das richtige Handwerkszeug eine wichtige Voraussetzung für eine positiv wirkende Klangmassage.

Der Klangtherapeut nimmt seine Klangschale und bringt diese zum Klingen, indem er sie entweder sanft am oberen Rand anschlägt oder reibt. Dann beginnt er an den Füßen der zu behandelnden Person (diese sitzt oder steht) und bewegt sich im Kreis um sie herum, wobei er die

Klangschale langsam von unten bis über den Kopf hinaus führt und diese schließlich wieder absenkt und vor den Herzen ausklingen lässt.

1. Klangschalen und Klöppel

Klangschalen bestehen aus einer bestimmten Messinglegierung mit 5 bis zu 12 darin enthaltenen Metallen wie Blei, Zinn, Eisen, Kupfer, Quecksilber, Silber und Gold.

Während der Herstellung wird das Metallgemisch geschmolzen und in kleine Mengen in Gussformen gefüllt. Aus dem abgekühlten, flachen, runden Metall-Rohling wird die Klangschale unter Hitze in ihre Form mit einem Hammer geschmiedet und anschließend auf Hochglanz poliert.

Die Obertonreihen der Klangschalen zeichnen sich durch natürliche Intervalle aus, wie sie überall in der Natur vorkommen.

Wenn die Klangschalen oder Planetentonschalen angeschlagen werden, rufen sie in unseren Körper Erinnerungen an ursprüngliche harmonische Frequenzen wach. Der Körper wird dazu stimuliert, erst in der Schalenfrequenz mitzuschwingen und dann in das ureigene Muster der harmonischen Schwingungen zurückzufinden.

Es gibt Klangschalen in verschiedenen Formen, Größen und Tönen.

Meistens sind sie jedoch rund. Der Durchmesser beträgt mindestens 10 cm, das Gewicht ist abhängig vom Material und der Größe.

Arten der Klangschalen:

* ❀ Gelenkschale (Universalschale),
* ❀ kleine Beckenschale,
* ❀ kleine und große Herzschale.

Herkunft der Klangschalen:

* ❋ Tibetischen Klangschalen,
* ❋ Indischen Klangschalen und die
* ❋ Manipuri Klangschale.

Qualitätsmerkmale für eine Klangschale:

* ❋ Sie sollte lange schwingen!
* ❋ Keine Nebengeräusche haben!
* ❋ Ausbreitung der Klänge gewährleisten!
* ❋ Mindestens 2 oder 2 Töne besitzen!

Mit dem Schlägel bzw. dem Klöppel bringt man die Klangschalen zum Klingen. Ihre Ausführung ist unterschiedlich. Es gibt die sogenannten Reibklöppel aus Holz mit Leder beschichtet. Es gibt aber auch Schlägel, die mit unterschiedlich starkem Filz beschichtet sind.

* ❋ dünner Filz - mittelgroße Klangschalen,
* ❋ dickerer Filz (Dämpfung besser) - für große Klang-schalen,
* ❋ große breite Klöppel - tiefere Töne,
* ❋ kleinere Klöppel - höhere Töne.

Bild 14: Klöppel zum Anschlagen der Klangschale.

149

Zudem existieren Klangliegen, Klangwiegen und Klangstühle aus Holz, in die sich der Patient hineinlegt bzw. setzen kann. An der Seite befinden sich Öffnungen sowie Saiten, die von den Therapeuten gezupft werden. Außerdem kann die Wiege zusätzlich geschaukelt werden.

Bild 15: Möglichkeiten, die Klangschalen zum Klingen zu bringen.

2. Anspielen von Klangschalen

Es gibt grundsätzlich zwei Möglichkeiten, Klangschalen zu spielen:

Das Anschlagen erfolgt mithilfe eines sogenannten Klöppels, mit dem die Klangschale kurz unterhalb des Randes angeschlagen wird. Die Polsterung des Klöppels sollte fest, jedoch nicht hart sein und besteht aus Filz.

Haltung des Klöppels:

❁ wie ein Bleistift beim Schreiben,
❁ wie ein nach unten hängender Pendel oder
❁ wie ein Küchenmesser.

150

Die Haltung des Klöppels ist abhängig von der Lage der Klangschale oder den eigenen Fähigkeiten.

<u>Zum Anreiben</u> der Klangschalen werden Schlegel aus Holz ggf. mit Lederbezug verwendet. Dazu wird dieser Schlegel senkrecht gehalten und am äußeren Rand der Klangschale nach innen um die Schale geführt. Es entsteht ein singender, durchdringender Ton.

Variieren dieses Tones:

* durch unterschiedlichen Druck,
* durch Veränderung der Entfernung zum Rand der Klangschale,
* durch die Art des Untergrundes, auf dem die Klangschale steht.

Beim sanften Anschlagen gegen die Klangschale, sich ausschließlich auf den Schall konzentrieren. Dabei kann man leise den Ton mit summen oder sich vorstellen, wie die Schallwellen den Körper durchdringen.

3. Reinigung der Klangschale
Der sorgsame Umgang mit den Klangschalen ist wichtig. Fällt diese zu Boden, könnte sie bei dem Aufprall auf einen harten Boden Risse oder Dellen bekommen. Im schlimmsten Falle könnte diese zerspringen.

Zum Reinigen reicht ein weiches Staubtuch, um die Klangschale regelmäßig zu entstauben. Sollte jedoch die Klangschale einmal angelaufen sein, nur mildes Messingputzmittel zum Polieren verwenden, um den alten Glanz der Klangschale wieder herzustellen.

Niemals scharfes oder grobes Putzmittel nutzen!

Dabei ist zu beachten, dass durch das Polieren die Klangschale unter anderem die Frequenz verändert.

Weiter Reinigungsmöglichkeiten sind:

* energetische Reinigung durch Räuchern,
* reinigen mit Reisstrohtaschen (Nepal),
* mit Wasser und Asche (sanftes Peeling, glatte glänzende Oberfläche),
* mit einem Essig-Salz-Gemisch:
  - ca. 3 Minuten einziehen lassen,
  - gründlich unter fließendem kalten Wasser abspülen,
  - mit einem Baumwolltuch trocken reiben,
  - ganz dünn mit Bienenwachs einreiben.

Der Veränderung der Farbe der Klangschale im Laufe der Zeit kann man entgegenwirken durch ihre regelmäßige Reinigung. Der Klang wird sich dadurch nicht verändern.

4. Wahl der Klangschale

Bei der Auswahl der Form und des Klanges der Klangschalen, mit denen man arbeiten möchte, muss man sich ganz auf sein Gefühl verlassen. Dabei kommt es nicht immer darauf an, ob es eine Alte oder eine Neue ist. Wenn bei der Anschaffung folgende Kriterien beachtet werden, kann man nichts falsch machen:

* Verkäufer sollte sich gut auskennen.
* Wo wurde die Schale hergestellt?
* Wann und wie wurde die Schale hergestellt?
* Aus was besteht die Schale?
* Wie hört sich der Ton an?
* Welche Empfindung entsteht beim Klang der Schale?
* Entstehen störende Nebengeräusche, wie Klirren oder Sirren?

❀ Wie schwingt die Schale?
   – Lang oder kurz.
   – Eine gute Klangschale schwingt sehr lange nach.
❀ Wobei soll die Klangschale eingesetzt werden?
❀ Unbedingt Zeit nehmen beim Kauf.

*Sehr wichtig, die Klangschale vor dem Kauf
ausprobieren!*

5. Planetenschalen

Ende der 1970er-Jahre entdeckte der Schweizer Mathematiker und Musikwissenschaftler Hans Cousto etwas Verblüffendes:

Aus der Umlaufbahn der Planeten unsers Sonnensystems lassen sich Töne errechnen, die tief auf die menschliche Wahrnehmung wirken. Jeder Planet ergibt nach oben und nach unten oktaviert, das heißt halbiert oder verdoppelt, hörbare Töne.

Diese Erkenntnis Coustos fiel in der Klangkultur auf fruchtbaren Boden.

Seither wird viel mit Planetentönen experimentiert und seit Anfang der 90er-Jahre wurden Klangschalen ausgemessen und entwickelt, die genau mit diesen Planetenfrequenzen schwingen: *Die Planetenschalen.*

Dies brachte es mit sich, dass die Wirkungen von Planetenschalen bekannt sind und somit vom Klangmasseur bewusst eingesetzt werden können.

Töne sind Schwingungen und jede Schwingung bewirkt und beeinflusst andere Bereiche in unserem Körper. Ein bestimmter Ton hat immer die gleiche Wirkung auf den Menschen. So lassen diese sich gut auf die verspannten Bereiche abstimmen.

Nicht nur für die einzelnen Körperbereiche/Chakren gibt es unterschiedliche Planetenschalen. Auch in der Astrologie werden Planeten und Tierkreiszeichen bestimmten Körperbereichen und Organen zugeordnet.

Die Töne dieser Planetenschalen können außerdem kombiniert werden, um damit ganz gezielt gewünschte Wirkungen zu erzeugen.

Besonders schön an der Klangmassage mit Planetenschalen ist, dass auch der Therapeut selbst etwas vom Geben der Massage hat.

Durch die Verwendung von Planetentönen, die auf besondere Weise das Innere des Menschen ansprechen, macht der Empfangende eine Reise in sein Inneres. Diese Reise kann uns dabei helfen, neue Lösungswege für uns selbst zu finden.

6. Ausstattung mit Klangschalen

Die Ausstattung mit Klangschalen ist jeweils davon abhängig, ob diese von einem Einsteiger, ein ambitionierter Privatanwender oder ein professioneller Klangmasseur verwendet werden.

Zum Anschlagen dieser Klangschalen benötigt man maximal drei Klöppel in verschiedenen Größen, in der Regel reichen zwei aus (z. B. 4 bis 5 und 7 bis 8 cm im Durchmesser).

„Finde Dich nicht einfach ab mit der Welt, so wie sie ist. Nimm die Herausforderung an, Türen zu öffnen, Grenzen zu überschreiten, um in eine größere Welt zu gelangen.

Anselm Grün

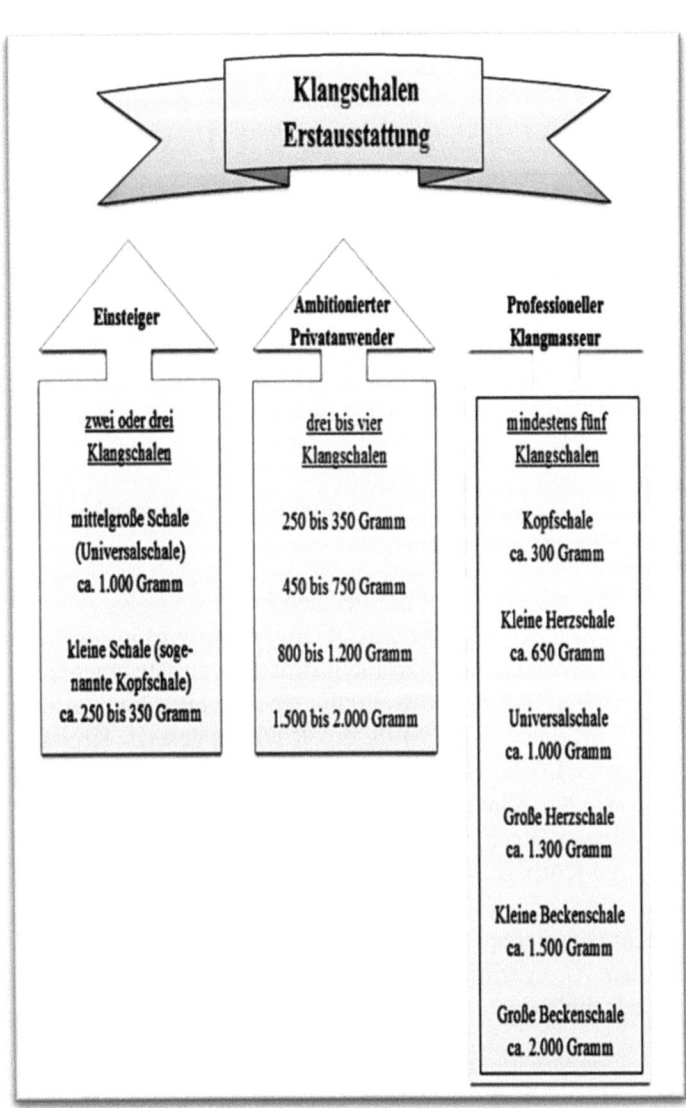

Bild 16: Klangschalen Erstausstattung.

2.9. Behandlungsmethoden

1. Verspannung im Schulterbereich lösen:

❀ *Art der Klangschale:* Klangschale / Universalschale.
❀ *Liegeposition:* auf dem Bauch.
❀ *Ablauf der Behandlung:* Die Klangschale wird in die Mitte des Rückens gestellt, zu den Schulterblättern geführt und dann zwischen den Schulterblättern abgestellt. Danach erfolgt die Abstellung der Klangschale im Nacken, dabei darf diese nicht den Kopf berühren. Weiter geht es zum rechten und dann zum linken Schulterblatt.

2. Verspannungen im Nacken:
Art der Klangschale: Klangschale / Universalschale, nach Möglichkeit zwei Schalen.

❀ *Liegeposition:* auf dem Bauch
❀ *Ablauf der Behandlung:* Klangschale wird in die Nähe des Nackens gesetzt, nicht direkt darauf (Problemzone setzen). Bei der Anwendung einer zweiten Klangschale wird diese in die Mitte des Rückens gesetzt. Kreisförmige Lockerung nach außen. Bei der Anwendung einer zweiten Klangschale, diese in die Mitte des Rückens setzen. Nach ein paar Schlägen die andere auf den oberen Körperbereich setzen.

3. Kopfschmerzen mit 2 Klangschalen:
Art der Klangschale: Beckenschale, Herzschale oder Universalschale.

❀ *Liegeposition:* auf dem Bauch.
❀ *Ablauf der Behandlung:* Becken- oder Universalschale wird auf die Mitte des Rückens stellen. Nach dem

156

Anschlagen wird eine weitere Schale (Herz- oder Universalschale) in den Nacken gestellt. Abwechselndes Anschlagen beider Schalen.

4. Probleme bei der Verdauung:

* *Art der Klangschalen:* Universal- oder Beckenschale.
* *Liegeposition:* bequem auf dem Rücken. Nach Wunsch ein Kissen zur Unterstützung unter den Kopf.
* *Ablauf der Behandlung:* Klangschale wird auf den Bauch gesetzt und angeschlagen. Dann wird diese langsam näher an den Solarplexus geschoben. An jeder Stelle die Klangschale anschlagen.
  * Schon nach der ersten oder sogar während der ersten Behandlung können Darmgeräusche auftreten.
  * *Zeit:* ca. 12 bis 15 Minuten

5. Behandlung bei Unterleibsschmerzen:

* *Art der Klangschalen:* große Beckenschale (tiefklingend)
* *Liegeposition:* auf dem Rücken.
* *Ablauf der Behandlung:* Beckenschale wird auf den Unterleib gestellt.

6. Behandlung bei kalten Füßen:

* *Art der Klangschale:* Gelenkschale
* *Liegeposition:* auf dem Bauch
* *Ablauf der Behandlung:* Bei Bedarf den Fuß mit der Hand anheben. Klangschale auf die Fuß-Untersohle stellen. Wechseln zum anderen Fuß.

7. Lösen von Blockaden:

* *Art der Klangschalen:* Becken- oder Universalschale

- ❋ *Liegeposition:* Rückenlage auf einer Matte oder Wolldecke.
- ❋ *Ablauf der Behandlung:* Vorsichtiges Aufstellen der Klangschale auf die Stelle des Wurzelchakras. Danach wird die Klangschale auf die Stelle des Nabelschakras gestellt um diese dann auf die Stelle des Solarplexuschakras stellen. Dann wird die Klangschale auf die Stelle des Herzchakras stellen. Lässt sich diese nicht positionieren, kann diese in der Hand direkt über dem Herzchakra gehalten werden. Mit der linken Hand wird dann die Klangschale über das Halschakra halten. Weiter geht es dann mit der Klangschale bis zum Punkt über dem Stirnchakra. Führen der Klangschale über den Scheitel. Hier wird diese gehalten oder neben dem Kopf auf den Boden abgestellt.
- ❋ *Bemerkung:* Nach der Behandlung ist der Kunde vollkommen gelöst und eine Nachruhe von 5 bis 10 Minuten notwendig. Dabei ist es angebracht dem Kunden ein Glas Wasser anzubieten. Manchmal kommt es vor, dass Klienten weinen, wenn sich Blockaden lösen. In so einem Fall immer mit dem Kunden über seine Empfindungen sprechen. Diesen auf keinen Fall so aufgelöst einfach nach Hause gehen lassen.

8. Ganzkörper-Klangmassage:

- ❋ *Art der Klangschalen:* Gelenkschale, Beckenschale, Universalschale.
- ❋ *Liegeposition:* Auf dem Bauch bzw. auf den Rücken liegend. Gegeben falls wird ein Kopfkissen und eine Knierolle benutzen.
- ❋ *Ablauf der Behandlung:* Beim auf dem Bauchliegen wird mit dem rechten Fuß begonnen, dann zum linken Fuß gewechselt, um dann das Ganze zu wiederholen.

- Beckenschale wird auf die Mitte des Rückens gestellt, über den Solarplexus. Wechseln der Position der Klangschale auf den unteren Lendenwirbel. Danach die Beckenschale auf die Mitte des Pos stellen und die Universalschale zwischen die Schulterblätter. Erst die Universalschale, dann wird die Beckenschale angeschlagen immer im Wechsel. Universalschale wird langsam in Richtung des Nackens geschoben, darf nicht den Kopf berühren. Schale wieder abwechselnd anschlagen. Jetzt die Universalschale auf das rechte Schulterblatt stellen. Die Beckenschale bleibt auf dem Po. Erst die Universalschale, dann die Beckenschale anschlagen. Wechsel mit der Universalschale auf das linke Schulterblatt und das Ganze wiederholen wie beim rechten Schulterblatt. Beckenschale bleibt in der Mitte des Pos. Die Universalschale wird zwischen die Schulterblätter gestellt. Erst Universalschale, dann die Beckenschale immer im Wechsel.

- Auf dem Rücken liegend Beckenschale auf den Bauch oberhalb des Bauchnabels stellen. Universalschale zusätzlich auf die Brust in der Herzgegend stellen. Schalen abwechselnd, erst die Herzschale anschlagen. Herzschale wird etwas höher in Richtung Kehlkopf geschoben, wie vorher beide sanft abwechselnd anschlagen. Herzschale wird runtergenommen und Beckenschale auf dem Solarplexus gestellt. Es folgt das Abstellen der Gelenkschale in die rechte Hand, danach erfolgt die Abstellung der Gelenkschale in die linke Hand. Nach dem Ausklingen werden die Schalen vom Körper genommen.

※ *Bemerkung:* Klienten ca. 5 Minuten Ruhe gönnen und mit einer Wolldecke zudecken. Danach erfolgt ein Abschlussgespräch (Wie war es? War es angenehm? An welchen Stellen war es nicht so schön?)

159

Diese Klangschalenmassage kann individuelle für jeden Kunden abgeändert werden. Ergibt sich aus dem Nachgespräch.

* *Anwendung bei*: Stressbedingtem Tinnitus, Rückenverspannungen, Schlafstörungen, Menstruationsbeschwerden, Verdauungsstörungen, Nervosität, Durchblutungsstörungen, Kopfschmerzen, Geburt, einfach zum Entspannen.

* *Keine Anwendung bei:* allem, was in den medizinischen Bereich fällt. Symptome, die nicht von einem Facharzt abgeklärt wurden. Symptome, die nicht Stress bedingt sind. Verletzungen und Knochenbrüchen. Inneren Blutungen.

Bei all den genannten Behandlungsarten macht es die Dosis. Mit zu viel Klang kann ein Mensch durcheinandergebracht werden. So kann weniger oft mehr sein. Prozesse sollten nicht unangebracht schnell forciert werden. Positive Wirkungen erreicht man durch ein behutsames, schrittweises Vorgehen.

„Wenn etwas im Geist geschieht, geschieht es auch im Körper."

Baruch de Spinoza

3. Klang- und Energie-Massage im Einklang mit der Natur

Reiki und Klangmassage - zwei in einem ist das überhaupt machbar?

In einer Zeit, in der das Interesse an ganzheitlichen Heilmethoden zunimmt und immer mehr Menschen Linderung gesundheitlicher Störungen und Harmonisierungen ihres Lebens suchen finden gerade Reiki und die Klangmassagen immer stärkeren Zuspruch. Durch die Verknüpfung der beiden genießen sie gleich zwei Entspannungsmethoden auf einmal.

Die tibetanische, schamanische Energie-Medizin hilft Körper, Geist und Seele in Einklang zu bringen, die Selbstheilungskäfte zu mobilisieren und die Herausforderungen des Alltags besser zu bewältigen.

Klangmassage ist eine Methode, um Entspannung und tiefes Wohlbefinden herbeizuführen. Eine Klangschale kann durch ihre Schwingungen den Körper von Blockaden befreien und ebenfalls die Selbstheilungskräfte aktivieren.

Wie wir bereits wissen, ist alles in Bewegung, schwingt alles. So ist auch unser Körper ein Gebäude schwingender und vibrierender Bausteine. Jede Zelle, jeder Muskel, auch unser Gehirn und unsere Lebensenergie schwingen in ihrem heilenden Urzustand, entspannt und sind beweglich. Dies bedeutet, dass die Energie, die dem Körper durch Reiki zugeführt deutlich spürbarer in Verbindung mit Klangvibrationen durch den Körper fließt. Nicht nur Blockaden löst, sondern gleichzeitig jede Zelle massiert.

Es ist eine Reise, die die Sinne belebt und die innere Ruhe zurückbringt. Die Verspannungen des Tages löst, gezielt und effektiv Stress abbaut, das Wohlbefinden fördert und eine tiefe Entspannung erreicht. Der Rest der Welt verblasst am Horizont.

Sanfte Reiki-Energie und die tiefen Vibrationen der Klangschalen sind ein wirkungsvolles Werkzeug, um Energieblockaden zu lösen und wirken gemeinsam ganzheitlich auf allen Ebenen und harmonisierend auf Körper, Geist und Seele. Es werden tief sitzende Blockaden gelöst und das Loslassen von emotional sehr belastenden Erlebnissen unterstützt. Das bedeutet sie aktivieren die körpereigenen Heilkräfte und unterstützen so das natürliche Gleichgewicht von Körper, Geist und Seele.

Reiki- und Klangenergie sind zwei scheinbar gegensätzliche Energien, die sich jedoch auf perfekte Art und Weise zusammenfügen lassen.

Der Ausgangspunkt ist die Einheit von Licht und Klang. Sie sind pure Vibrationen, die mit unterschiedlichen Frequenzen schwingen. Beide stellen einen wichtigen Teil des uns umgebenden Universums dar und können uns Energie und Gleichgewicht schenken.

Da die gesamte Schöpfung Ausdruck der Energie ist, gibt es nichts, was nicht in Resonanz mit Bildern und Klängen treten könnte. Mantren und Symbole wirken somit nicht nur auf Menschen und Tiere, sondern auch auf Gegenstände und Räume. So wie es keinen seelenfreien Körper gibt, gibt es auch keinen seelenfreien Raum.

Es geht darum, beide Vibrationen zu vereinigen.

Die Verschmelzung der irdischen Energie der Klangschalen und der himmlischen Reiki-Energie stellt die Wiedervereinigung der kraftvollen Urenergie dar und dies geschieht im Zentrum des Herzens.

Genau dort, im Zentrum unseres Herzens, beginnen die beiden Vibrationen mit ihren Frequenzen wieder im Gleichklang zu schwingen und kehren so in ihren ursprünglichen Zustand einer einzigen Urvibration zurück. Hier verbinden sich die Reiki-Energie, die vom Sternenhimmel herabkommt, und die Energie der Klangschalen, die von der Erde aufsteigt und versetzt die behandelnde Person in einen Zustand perfekten Gleichgewichtes.

Beides sind also Instrumente, deren Schwingungen uns im sogenannten *„Klang des Universums"* einhüllen.

Durch die ganzheitliche Behandlungsmethode, im Ausbalancieren der *„himmlischen"* Reiki-Energie und der *„irdischen"* Energie der Klangschalen, beim Wiedervereinen der beiden Vibrationen geht es um die Verwirklichung der Einheit von Licht und Klang, die neue Welten entstehen lassen.

Reiki-Energie und die Energie der Klangschalen sind in Wirklichkeit die zwei Seiten ein und derselben Medaille. Mit dem gleichzeitigen Einsatz beider Techniken innerhalb einer Behandlung können der Effekt der einzelnen Energien erhöht werden.

Die Klang-Energie wird durch die Reiki-Energie verstärkt.

Diese Anwendung ist aber auch sehr gut für Menschen geeignet, die beruflich sehr gefordert sind und die Entspannung und kraftvolle Energie gleichermaßen benötigen.

„Glaube an Wunder, Liebe und Glück!
Schau nach vorn und nicht zurück!
Tu was Du willst und steh dazu;
denn Dein Leben lebst nur Du!"

Verfasser unbekannt

3.1. Die heilende Kraft der Energie

Wir leben in einer Welt, in der alles mit allem und jeder mit jedem verbunden ist, dazu zählen auch wir Menschen. Die Quantenphysik hat uns aufgezeigt, dass wir und das gesamte Universum aus einem Stoff bestehen, und dieser Stoff ist Energie, die kosmische Energie - eine wunderbare Kraft. Energie ist überall im ganzen Universum. Sie umgibt den menschlichen Körper als Energiefeld und ist in ihm angereichert.

Diese Energie ist mehr als reine Lebenskraft. Sie ist Bewusstsein in seiner energetischen Form, die Gestaltungskraft der Natur und Information des Seins. Für viele Menschen ist diese energetische Sichtweise der Welt noch immer neu und nicht fassbar.

Alle Menschen sind miteinander verbunden. Wir sind Licht, Energie, Schwingung und Liebe.

Damit Energie etwas bewirken kann, muss sie fließen. Energie, die nicht fließt, ist nur Kraft, aber keine Energie. Das bedeutet, alles was ist, ist Energie unterschiedlicher Schwingungsfrequenzen, sie fließt. Alles schwingt, darin sind sich alt Hergebrachtes und moderne Wissenschaft einig. Somit ist auch Heilung Energie, eben Heilungsenergie.

Und Heilungsenergie will fließen.

Die Heilungsenergie heilt und nicht der Mensch selbst. Deswegen sei an dieser Stelle gesagt, dass der Mythos, dass ein Heiler heilt, nicht stimmt. Ein Heiler ermöglicht die Heilung.

So dürfte die Erkenntnis, dass physisches Leben nur mit Energie existiert für viele nichts Neues mehr sein. Wir sprechen von der Lebensenergie.

Die Lebensenergie ist die Kraft, die alles Leben erhält. So wie unser physischer Körper Nahrung aufnimmt und verarbeitet, wird die Lebensenergie aus der Luft, dem Sonnenlicht und der Erde vom energetischen Körper (Aura) aufgenommen. Die Energie folgt der Aufmerksamkeit und fließt dort entlang, wo sich ihr ein Weg bietet.

Ganzheitlich besteht der Körper aus zwei Teilen:

* *grobstofflichen* - dem sichtbaren physischen Körper
* *feinstofflichen* - unsichtbaren Energiekörper, auch Aura genannt.

So sind z. B. das Blut als grobstofflicher Teil unseres physischen Körpers mit dem Chi, den feinstofflichen unsichtbaren Energiekörper eng miteinander verwandt. Das deutlichste Zeichen für ihre Gemeinsamkeit spiegelt sich in den Körperteilen wider während ihrer An- bzw. Abwesenheit.

Unser Blut kreist in einem Netzwerk der Blutgefäße und unsere vitale Lebensenergie wird über Energiezentren (Chakras) und Energiebahnen (Meridiane) im gesamten Organismus verteilt.

Zwei Kreisläufe, die uns am Leben erhalten.

Über die Chakren haben wir in diesem Buch bereits einiges erfahren. Deswegen möchte ich mich an dieser Stelle nicht wiederholen, aber es ist notwendig, darauf einzugehen wie die Chakren mit den Energiebahnen, die durch unseren Körper fließen zusammen harmonieren.

Chakren kann man sich als Energiewirbel vorstellen, welche die Aufgaben erfüllen, Energie von außen aufzunehmen und dem menschlichen Energiesystem zuzuführen. Jedes Chakra versorgt einen bestimmten Körperteil mit Energie.

Energiebahnen sind Energielinien, die sich beim Menschen entlang der Wirbelsäule ziehen. Auf diesen Meridianen fließt die Lebensenergie eines Menschen durch den ganzen Körper und sie verbinden die Chakren miteinander.

Je mehr Energie in uns fließt,
umso frischer und lebendiger fühlen wir uns.

Treten bei diesem Energiefluss Störungen auf, kommt es zum Ungleichgewicht, welches sich unter anderem bemerkbar macht durch Schwäche, schlechte Laune, Schmerzen usw.

Kommt dann auch noch Stress, Überforderungen, aufgestaute Emotionen, traumatische Ereignisse oder andere negative Situationen hinzu, kann es zu Energieblockaden im Energiefluss führen.

Dies bedeutet, die Störung des Energieflusses eines oder mehrere Meridiane führt zu einem Ungleichgewicht im Energiehaushalt des Menschen. Dauert der Zustand über längere Zeit an, wird sich dort irgendwann im physischen Körper eine Krankheit herausbilden.

Das Ziel besteht darin, nicht das negativ gefühlte Symptom zu bekämpfen, sondern das Positive, den vitalen Lebensfluss in uns wieder herzustellen und zu stärken. Durch das sanfte Lösen der Blockaden wird der Energiehaushalt wieder ausgeglichen und die Energien können wieder frei fließen. Dies kann sich auf der psychischen Ebene zeigen, aber auch in körperlichen Bereich, jeder Mensch reagiert anders. Akute Beschwerden werden schneller ansprechen als lange chronische Erkrankungen. Hier ist es mitunter notwendig, über einen langen Zeitraum immer wieder Heilarbeit zu leisten.

Energie ist immer das, was heilt.

Man spricht heute auch von der Quantenenergie, einen Begriff, den es früher nicht gab. Die Quantenenergie oder Quanten sind Schwingungsteilchen, die von ihrer Schwingung her neutral sind, jedoch mit aufmerksamen Bewusstsein positiv genutzt werden können. Das ist deswegen möglich, weil sich die Quanten keiner messbaren Struktur unterordnen, im Gegenteil sie sind völlig frei von negativer bzw. positiver Anziehung.

Und da sind wir wieder beim Reiki und der Klangmassage in Kombination. Obwohl Reiki- und Klangenergie zwei scheinbar gegensätzliche Energien sind, lassen diese sich auf perfekte Art und Weise zusammenfügen.

Abwechselnd wie auch zeitgleich werden den Körper die Universale Lebensenergie und die Töne sowie die Schwingungen der tibetischen Klangschalen angeboten. Durch Reiki fließt die Universelle Energie in den Körper, löst hier die Energieblockaden. Die Klangmassage versetzt die Schwingungen der Universelle Energie in den Zustand, damit diese optimal durch unseren Körper fließen kann. Je weniger Blockaden in unseren Körper vorherrschen, um so spürbarer fließen die Vibrationswellen durch uns hindurch, die jede Zelle des Körpers ansprechen.

Durch die Kombination von der natürlichen heilweise Reiki mit der entspannenden und lösenden Wirkung der Klangmassage wird das völlige Loslösen auf allen Ebenen (Seele, Geist und Körper) ermöglicht. Mentale Blockaden und körperliche Verspannungen können leicht gelöst, die inneren Heilkräfte neu belebt, das Urvertrauen gestärkt sowie die vitale Gesundheit wieder aktiviert und nachhaltig stabilisiert werden.

Reiki ist dafür der richtige Wegbereiter.

Im gesunden Zustand strömt und pulsiert die Lebensenergie in unseren Körper, sie macht unsere Lebenskraft aus.

Das kann bedeuten, dass das Herz frei wird und die Lebensenergie fließt. Angst, Unsicherheit und Eifersucht haben keinen Platz mehr, ein freies Herzgefühl stellt sich ein und wir erleben Spaß.

Reiki gleicht den Energiehaushalt des Körpers aus. Dabei kann die Klangmassage enorm hilfreich und unterstützend sein die körpereigenen Schwingungsmuster, die durch den Alltag geschädigt sind anzuregen, sich wieder neu auszurichten, die Seele zum Fließen zu bringen.

Auf jeden Fall trägt der Klang dazu bei bzw. es ist viel einfacher, sich zu konzentrieren und sich auf etwas einzulassen, was eine positive Wirkung auf unseren Körper, den Geist und die Seele ausübt.

Zeit und Raum lösen sich auf.

Reiki und Klangmassage gleichermaßen können also die Selbstheilungskräfte des Körpers aktivieren und unterstützen, Verspannungen und Blockaden lösen, tief in die Schichten unserer Bewusstseinsebenen eindringen und heilende Energie freisetzen.

Bei regelmäßiger Anwendung werden positive Effekte auftreten, die sich auf das körperliche und geistige Wohlbefinden auswirken.

Innere Harmonie wird durch das Erreichen eines tiefen Entspannungszustandes wieder hergestellt.

Dies wirkt sich positiv auf unsere Lebenskraft aus.

Universelle Lebensenergie steht sofort zur Verfügung. Nur maximal 4 Prozent unseres Lebens spielt sich in bewussten Ebenen ab. Die verbleibenden 96 Prozent liegen tief, normalerweise durch Gedankenkraft nicht erreichbaren Ebenen unsres Bewusstseins, des Unterbewusstseins und Unbewussten.

Der Zustand der Tiefenspannung wird durch Reiki sowohl durch den Klang erreicht und sie tragen gemeinsam dazu bei

* Stress abzubauen,
* Druck, der auf einen lastet zu verringern,
* Schmerzen zu lindern bzw. ganz zu beseitigen,

* positiv auf das Selbstbewusstsein, die Kreativität und Schaffenskraft ein zu wirken,
* Selbstheilungskäfte zu stärken,
* neue Lebensfreude zu gewinnen.

Ob wir uns gesund fühlen, kreativ sind und Wunden schnell heilen oder Heilungen verzögert werden, Defektheilungen oder chronische Erkrankungen auftreten hängt von dieser Kraft, unserer Lebenskraft ab.

Ist das Schwingungsfeld des Energie- und Schwingungswesen Mensch harmonisch, so äußert sich dies durch Gesundheit und Wohlbefinden.

Auch hier sei noch einmal gesagt: Reiki und Klangmassage sind kein Ersatz für eine medizinische oder psychiatrische Behandlung aber sie können sehr hilfreich unterstützend im gesamtheitlichen Heilungsprozess mit wirken. Sie wollen und können auch nicht die therapeutischen Möglichkeiten der Medizin ersetzen, sondern erweitern. Durch die Aktivierung der Selbstheilungskräfte, der Harmonisierung des Energie-Ungleichgewichtes im Ätherkörper und Stärkung der Lebenskraft wurden oft schon Heilungen erzielt, wo alle sonstige Medizin versagte.

„Falls Gott die Welt geschaffen hat, war seine Hauptsorge sicher nicht, sie so zu machen, dass wir sie verstehen."

Albert Einstein

3.2. Die Gesundheit ist ein hohes Gut

„Die Gesundheit ist ein hohes Gut." Ein Satz einfach nur so dahin gesprochen, dem oft nicht die notwendige

Bedeutung geschenkt wird. Die Bedeutung dieses Satzes wird uns erst dann so richtig bewusst, wenn wir diese verloren haben, wenn der Arzt die Diagnose stellt: *„unheilbar krank".*

Dann stellt sich die Frage: „Können wir trotzdem genesen?"

Und dann plötzlich gesund - nur wodurch?

Das Zauberwort heißt Spontanheilung.

Ja sie gibt es immer wieder.

Wir wissen nur nicht wo durch.

Wir wissen nur, nicht durch die konventionelle Behandlung.

Wir Menschen sind dafür ausgelegt, dass wir uns immer wieder selber heilen können.

Spontanheilung, Gesundheit und Krankheit betrachten Antagonisten wie folgt:

❋ Wir gelten als gesund, wenn der Körper fehlerfrei funktioniert und unsere Selbstheilungskräfte dafür sorgen, dass es so bleibt. Sie sorgen für die Zellerneuerung und sortieren defekte Zellen aus. Das Immunsystem achtet darauf, dass Krankheitserreger keinen Schaden anrichten können.

❋ Wir gelten als krank, wenn die Selbstheilungskräfte gestört sind. Die Erreger können den Körper ungehindert angreifen und in der Endkonsequenz schädigen. Diesen Zustand hat die Natur nicht vorgesehen.

Wenn die Natur uns schon mit Körper, Geist und Seele ausgestattet hat, dann stellt sich im gleichen Zusammenhang die Frage: *„Ist körperliche Gesundheit ohne seelische Gesundheit überhaupt möglich? "*

Die herkömmliche Medizin schenkt den realistischen Konstrukt Mensch die hauptsächliche Beachtung. So ist es auch nicht weiter verwunderlich, dass die moderne Medizin in erster Linie körperliche Symptome behandelt. Den Geist und der Seele schenkt sie kaum Beachtung.

Wenn wir die Funktion der Spontanheilung verstehen wollen, müssen wir das Zusammenspiel von Körper, Geist und Seele verstehen. Spontanheilung ist immer individuelle, bei jedem geschehen andere Prozesse. Und das fällt durch das Raster der wissenschaftlichen Betrachtungsweise, weil diese nicht kalkulierbar sind.

Gibt es noch andere Betrachtungsweisen für die Spontanheilung?

Und wenn ja, welche sind diese?

* etwa das Arbeiten mit Ritualen
* oder der Glaube an eine höhere heilbringende Macht.

Sprechen wir hier von sanfter Heilung oder teuren Humbug?

Experten streiten darüber, ob esoterische Verfahren eine nachweisbare Wirkung haben.

Auf jeden Fall können sie eine tragende Säule in der heilenden Arbeit sein.

Das Wissen um die heilende Kraft des Glaubens ist tief in unserer Kultur verwurzelt. Bereits in der Bibel, in den Evangelien sind Wundertaten verzeichnet, wo Kranke, Blinde und Lahme von Jesus geheilt wurden (z. B. Markus, Kapitel 2 / Lukas, Kapitel 13).

Das religiöse Rituale Heilen können gilt heute als gesichert. Man muss es nur wissen und auch daran glauben, dass die Behandlung wirkt.

Gibt es das, ein heilendes Gebet?

Wenn ja, was löst dieses Gebet im kranken Körper eines Menschen aus?

Welche Rolle spielt dabei seine Erwartungshaltung?

Was geschieht im Körper des Menschen bei einer Autosuggestion, wenn ich meinen Körper sage: „Ich werde jetzt nicht krank. Ich bleibe gesund!"

Durch unsere Erwartungshaltung werden in unserem Gehirn bestimmte Transmitter ausgeschüttet, die uns sagen, dass wir weniger Schmerzen empfinden müssen. Das Gegenteil kann jedoch auch auftreten, wenn wir Angst haben, stärkeren Schmerz zu empfinden, dass es uns schlechter geht. Dann kann es bis zu einem gewissen Grad dazu führen, dass wir Symptome empfinden, die wir sonst nicht empfinden müssen. Denken wir dabei nur einmal an den Phantomschmerz.

Je konkreter die Vorstellung von der Heilung, desto größer scheint der Erfolg. So können innere Bilder von körperlichen Heilungsprozessen unterstützend wirken.

Bilder hin oder her, mehr als abstraktes Wirken der Selbstheilungskräfte können wir nicht entwickeln. Nur woher weiß der Körper so genau, an welchen Knopf er drehen muss, um abstrakte Bilder in körperliche Vorgänge zu übersetzen?

Wo entsteht aus Vorstellungen Gesundheit?

Der Zustand unseres Körpers ist im Gehirn abgebildet. Wir können nachempfinden wie sich ein gesunder Körper und wie sich ein kranker Körper anfühlt.

Wenn wir krank sind und erwarten uns geht es gleich wieder gut und uns vorstellen, wie sich der gesunde Körper anfühlt, kann man sich ohne Weiteres vorstellen, das durch diese Vorstellung, durch das Bild der Gesundheit das in unserem Gehirn entsteht, die Gesundheit aus der Erinnerung abgerufen und aktiviert wird. Das kann unter anderem dazu beitragen, dass dieser abgebildete Gesundheitszustand des Körpers wieder eintritt.

Aber nicht jeder bringt dazu die Kraft auf sich mit seiner Krankheit und seinem Leiden auseinanderzusetzen.

Alles gut und schön.

Aber was geschieht, wenn ein fremder Mensch einen anderen heilt? Was geschieht da zwischen dem Leidenden und dem Heilenden?

Die Schwingungsanteile der Gehirnströme spielen hierbei eine Rolle.

Zum einen sind es die Wellen des Alpha-Rhythmus (7-14 Hertz), die zu entspannter Konzentration und ruhigen gelassenen Denken führen. Die Aufnahmebereitschaft des Gehirns ist am größten. Die Alphawellen bilden eine Brücke zwischen unserem Bewusstsein und Unterbewusstsein.

Zum anderen führen die Wellen des Delta-Rhythmus (4 Hertz) zum Tiefschlaf, zur Hypnose und Trance. Das Unterbewusstsein ist hoch aktiv, sendet und empfängt Informationen. Wir befinden uns im Bereich der spirituellen Erfahrungen und Blockaden Lösungen.

Welche Rolle spielen diese beiden Wellenarten zwischen dem Heilenden und Leidenden?

Beide sind Gebende und Nehmende. Zwischen ihnen erfolgt der Austausch über den Gesundheitszustand des Hilfsbedürftigen über die Deltaschwingungen.

Wie geschieht dies in der Praxis?

Der Gebende sendet dem Nehmenden Deltaschwingungen, nach dem dieser diese Schwingungen empfangen hat, gehen diese im Körper des Nehmenden in Alphaschwingungen über. Es entsteht eine Synchronisation zwischen beiden Gehirnen. Durch diese Synchronisation ist es dem Gebenden möglich, die Krankheitssymptome des anderen abzurufen, in sich zum Positiven zu verändern und dem Nehmenden wieder zuzuschicken. Die Veränderungen werden im Körper spürbar an den unterschiedlichsten Symptomen die auftreten können.

Somit kommen wir wieder zu den heilenden Klängen und den heilenden Händen. Die heilenden Schwingungen einer Klangmassage unterstützen und intensivieren die Wirkung einer jeden Reiki-Anwendung. Sie bilden einen einheitlichen Guss und erzeugen aus dem „*Wunder Reiki*" eine angemessene Stimmung.

Reiki ist eine Reise in die Welt der Energie bzw. der universellen Energie, mit individuellen Erfahrungen. Eine Reise, die sowohl der energetischen als auch die körperlichen Selbstheilungskäfte unterstützt und tief entspannt. Um diese Reise so angenehm wie möglich zu machen, dafür gibt es einige Möglichkeiten. Diese bestehen aus einer Auswahl des Reisenden von Düften und Klängen, die ihm die Reise verschönern soll. In einer warmen und entspannten Atmosphäre wird die Verbindung zur Energie hergestellt und die Reise startet sanft und wie von selbst. Es ist eine Tagtraumreise zu einem Kraftplatz, wo sich die Seele der tieferen Botschaft der Klänge hingeben kann. Von Klängen, die das Herz öffnen.

Reiki aktiviert die Selbstheilungskräfte und eine Klangmassage wirkt in dieselbe Richtung. Beide erinnern die Körperzellen und die Seele an das Bild von Ganzen und vollkommener Gesundheit.

Wohlbefinden, Gesundheit, Harmonie, Frieden können nur entstehen, wenn Körper und Geist im seelischen Gleichklang schwingen. Geschieht dies nicht, greifen schädliche Einflüsse unseren Organismus an.

Der eine oder andere wird jetzt sagen: „Wie ist das nur möglich? Das kann doch nicht sein?"

Auf diese Fragen können uns die Experimente auf dem Gebiet der Quantenphysik Antwort geben.

In der Quantenphysik, im Quantenuniversum bewegen wir uns mit unseren Gedanken, mit unserem Geist in einem Bereich, der jenseits des Sichtbaren liegt. Alles, was wir nicht sehen, denn es geht um Dinge, die durch kein Elektronenmikroskop in die Welt des Sichtbaren geholt werden können, weigert sich unser Bewusstsein und Verstand, es als eine Realität zu akzeptieren.

Experimente der Quantenphysik sagen das zwei Teilchen miteinander verbunden sind, auch wenn man sie trennt. Es ist ein Phänomen des Quantenuniversums über das Bestehen von verschränkten Quantenobjekten, die jeden lokalen Realismus widersprechen. Es ist eine seltsame Fernwirkung, bei der zwei verschränkte Teilchen synchron reagieren, ohne materiellen Zwischenträger. Diese Teilchen befinden sich in einem sogenannten Überlagerungszustand und so richtet sich das zweite Teilchen synchron nach dem ersten Teilchen aus.

Diese Theoriebildung hat etwas gefunden, das schon fast eine Gesetzmäßigkeit ist und vermutlich überall gilt. Nur in der Quantenmechanik wurde sie zuerst entdeckt, weil es ein so präzises Modell ist.

Aber die Aussage, dass Systeme eine Einheit bilden und gewissermaßen korrespondieren, auch wenn keine Signale ausgetauscht werden, das dürfte eine Einsicht sein, dass dies auch für andere Systeme gilt.

Gebender und Empfangender sind so ein einheitliches System, das durch das Ritual der Heilung so miteinander verbunden ist das, das, was der Gebende in seinem Bewusstsein macht bei dem Empfangenden etwas auslösen kann.

Wir sind nur ein kleiner Teil im großen Universum und es gibt viel mehr als die Realität, die es für uns bereithält.

Und es ist schön zu wissen, dass die heilende Energie für jeden von uns da ist.

Die Verbindung der Kraft der Klänge mit der heilenden Energie ist der Anstoß für etwas Neues, vielleicht auch Ungewohntes.

Wenn man den Menschen in seiner Gesamtheit sieht, kann das innere Gleichgewicht von Körper, Geist und Seele durch die verschiedenen Heiltechniken und Heilmethoden wie Reiki, Klangheilung, Geistheilung, Mediation ... wieder in Einklang gebracht werden.

Wichtig ist es dabei, die innere Ruhe zu finden. Eine gute Methode um dies zu erreichen ist es, sich auf die eigene Atmung zu konzentrieren. Bewusst zu erleben, wie die Luft in den Körper strömt, dabei auf jedes kleine Detail achten. So wird eine Ablenkung durch andere Gedanken verhindert.

Die Aktivität der Großhirnrinde erhöht sich. Diese Hirnregion ist von großer Bedeutung für die Verarbeitung emotionale Prozesse und hat daher einen hohen Einfluss auf das Wohlbefinden, welches sich wiederum positiv auf den Blutdruck und den Cholesterinspiegel auswirkt.

Der Mensch kommt in einen Zustand, wo er seine Angst vor der Krankheit vollkommen verliert. Während er diese Angst verliert, fokussiert er sich auf seine Gesundheit und aktiviert dadurch den Selbstheilungsprozess in seinen eigenen Körper.

Den dort, wo Stress und Angst herrschen, hat Heilung kaum eine Chance. Erst im Zustand der Entspannung kann sich der Körper erholen. Stoffwechselprozesse werden verbessert der Parameter Stress wird gesenkt.

Der Abbau von Angst während einer Reiki-Anwendung, einer Klangmassage, einer Meditation, Übertragung von heilenden Bildern von einen Gebenden an einen Unpässlichen und eine quantentheoretisch begründetes System, das Beide verbindet, sind beispielhafte Modelle, um Heilung besser verstehen zu können.

Die Wissenschaft versucht zunächst immer unbekannte Phänomene mit den Methoden zu erklären, die bisher funktioniert haben. Das funktioniert bis zu einem gewissen Punkt gut, bis wir auf Phänomene stoßen, die von einer anderen Qualität sind, die eine andere Kategorie der Betrachtung nötig machen. Diese Phänomene müssen durch die Änderung der Betrachtungsweise vollkommen anders gesehen werden.

Das wird wahrscheinlich auch im Fall der Heilung nötig sein, um diese zu verstehen. Denn wodurch eine

Spontanheilung im Einzelnen ausgelöst wird, ist nach wie vor unklar.

Jeder Mensch ist für sich, seinen Glauben und seine Gesundheit selbstverantwortlich und muss seine eigenen Entscheidungen treffen.

Allein der Glaube ist des Gewissens Friede.

Martin Luther

3.3. Zwei in Einem - Reiki und Klang -Massage

Hier genießen sie zwei Entspannungsmethoden auf *einmal,* die Kombination der Klangschale mit Reiki. Eine Kombination, die Entspannung und Loslassen mit der universellen Energie, den Klang und der Schwingungen noch intensiver erleben lässt und uns auf eine wunderschöne Reise schickt.

Man muss sich nur auf sie einlassen.

Durch die Schwingungen der Klangschalen erfolgt eine Tiefenentspannung, die durch den ganzen Körper geht und die Seele erreicht. Reiki-Energie kann somit noch intensiver dorthin strömen, wo sie vom Körper benötigt wird. Energieblockaden werden gelöst, Gedankenmuster geordnet und eine tiefe Entspannung bewirkt.

In der Regel wird mit der Klangschalenmassage begonnen und anschließend mit der Reiki Anwendung fortgesetzt. Der Körper sollte dann die Reiki Energien noch intensiver aufnehmen.

Aber nur in der Regel!

Neben bzw. auf den Körper werden unterschiedliche Gongs und Klangschalen platziert. Intuitiv erfolgt die Auswahl der passenden Klangschalen, die dann angeschlagen werden und auf die verschiedenen Stellen des Körpers gestellt werden. Die erzeugten harmonischen Klänge, sowie die sanften Klangvibrationen wirken auf den Körper wie eine sanfte Micro-Zellmassage. Körperliche Verspannungen und Blockaden können sich lösen, Stress kann abgebaut werden und die Selbstheilungskräfte können gestärkt werden.

Die anschließend Reiki Anwendung ist eine wundervolle, sanfte, zusätzliche Ergänzung zur vorausgegangenen Klangmassage.

Es kann aber auch erst Reiki erfolgen, dem sich eine Klangschalenmassage anschließt. Reiki löst mögliche Blockaden, sodass gestörte Energie wieder in den Fluss kommt und in alle Chakren gleichmäßig fließt. Der Körper kann sich währenddessen entspannen und der Geist kommt zur Ruhe. All dies trägt dazu bei, Körper, Geist und Seele optimal auf die nachfolgende Klang-Massage einzustimmen. Die sanften Klänge der Klangmassage können nun noch intensiver und tiefer auf den gesamten Organismus einwirken und so zu dessen Harmonisierung und Revitalisierung beitragen. Sie berühren Körper, Geist und Seele. Eine selten erreichte Ruhe und Ausgeglichenheit tritt ein und gibt Mut für Neues.

Die Anwendung beider Methoden kann aber auch durch zwei Personen im Gleichklang erfolgen. Hier besteht die Möglichkeit, das Reiki durch die Klangmassage begleite wird. Die Schwingungen und Klänge der Klangschalen entspannen Körper und Geist, während die Reiki-Energie wohltuend fließt. Die Verbindung von Energiefluss und Tiefenentspannung wirken sehr angenehm, vitalisierend und harmonisierend.

In der Ausklangphase der Anwendung von Reiki, durch den Einsatz von Klangschalen, durch den echten Klang erschaffen wird eine Atmosphäre des Schutzes und des Frieden. Der Effekt ist tiefste Entspannung.

Auch hier bei der Anwendung beider Entspannungsmethoden wird sämtliche Kleidung anbehalten, lediglich die Schuhe werden ausgezogen.

Wie könnte diese Entspannungsmethode aussehen:

* 15-minütige Klangschalenmassage (Ein Klang Bad mit verschiedenen Gongs).
  Lösen von körperlichen Verspannungen und Blockaden durch eine sanfte Zellmassage erzeugt durch die Klangvibrationen auf den Körper.
  Danach eine 30-minütige Reiki-Sitzung als wundervolle zusätzliche Ergänzung, um Stress abzubauen und die Selbstheilungskräfte zu stärken.
* In der Ausklangsphase von Reiki Anwendung von Klangschalen, um durch echte Klänge eine Atmosphäre des Schutzes und des Friedens zu schaffen.
* Reiki-Anwendung und Klangschalen-Therapie parallel. Dazu werden zwei Personen benötigt.
  Eine Person, die in Reiki eingeweiht ist.
  Eine zweite Person für die Klangschalen, möglichst eine Klangschalentherapeutin.
* Abwechselnd den Körper die Universelle Energie durch Reiki und die Töne und Schwingungen der tibetischen Klangschalen zuführen.

Manch einer mag lieber die feinen Schwingungen der Klangschalen spüren, andere lieben die kraftvollen Schwingungen der großen Gongs. Auch hier gilt jeden frei nach seinen Wünschen - wie jeder und was jeder möchte. Denn gerade diese Kombination von Reiki und Klangmassage hat eine besonders wohltuende und ganzheitlich entspannende Wirkung. Sie lädt den Körper mit neuer Kraft, Energie und Freude auf. Es wird ein Effekt der tiefsten Entspannung erreicht.

„Probieren Sie es aus, vielleicht ist diese „Kombination"
bald auch ihre Lieblings-Entspannungsmethode!"

Wie heißt es so richtig: *„Jeder neue Weg beginnt mit dem ersten Schritt".*

Wenn wir jetzt ehrlich sind und in uns gehen, müssen wir feststellen, dass wir schon viele Dinge - ob positive oder negative - mit dem ersten Schritt begonnen haben. Alles haben wir einmal begonnen mit dem ersten Schritt.

Vielleicht hat Dir beim Lesen dieses Buches, die eine oder andere Textstelle einen Impuls für den nächsten ersten Schritt gegeben, der dein Leben

intensiver,
positiver,
erfüllter
oder bewusster werden lässt.

Eine sehr gute Ergänzung ist hierbei das anschließende Gespräch.

Sind wir in unseren Leben nicht schon genug der zwischenmenschlichen Kommunikation und sinnlosen Unterhaltungen ausgesetzt?

Wir kommen aber immer wieder in unserem Leben an einen Punkt, wo wir das Gefühl haben, uns im Kreise zu drehen - wo wir keinen Weg finden, der uns gangbar scheint, wo der Fluss des Lebens zu stocken scheint und unsere Entwicklung nicht mehr recht voranschreiten mag. Hier hilft das Ohr, die Offenheit, die Zugewandtheit, die Neutralität und die Lebenserfahrungen eines erfahrenen Zuhörers. Einmal nach der Meinung gefragt, wird diese kundgetan.

Einfach nur einen Gesprächspartner suchen, der ihnen zuhören kann, ohne sie gleich zu unterbrechen oder schlaue Ratschläge von sich zugeben.

An dieser Stelle sei noch einmal darauf hingewiesen, dass es sich bei dieser Form der Entspannungsmethode um keine medizinische Behandlung handelt. Sie soll lediglich der ganzheitlichen Entspannung dienen.

Sollten sie sich jetzt immer noch die Frage stellen: „Passt eine Kombination aus einer Klangschalen- und Reikibehandlung überhaupt zusammen?"

Halten sie es doch einfach mit dem Sprichwort: *Probieren geht über Studieren.* Probieren Sie's einfach aus, Sie werden begeistert sein ...

Es ist nicht genug, zu wissen,
man muss auch anwenden;
es ist nicht genug, zu wollen,
man muss auch tun.

Johann Wolfgang von Goethe

Epilog

Reiki und Klangmassage ist eine Kombination, die Entspannung und Loslassen mit der universellen Energie und dem Klang der Schwingungen noch intensiver erleben lässt.

Man spürt den Fluss der sanften Reiki-Energie, lauscht den heilsamen Klängen der Klangschalen und nimmt dabei die feinen Klangvibrationen im ganzen Körper wahr.

Die Einzigartigkeit liegt in der Verbindung dieser beiden tiefwirkenden Methoden der Entspannung. Bei der Reiki Anwendung steht der Ausgleich der Energiezentren (Chakren) im Vordergrund. Mögliche Blockaden können gelöste werden, die Energie kann wieder in den Fluss kommen und durch alle Chakren gleichmäßig fließen. Der Körper entspannt sich und der Geist kommt zur Ruhe.

All dies trägt dazu bei, den Körper, den Geist und die Seele optimal für die Klang-Massage aufnahmefähig zu machen. Die sanften Klänge der Klangmassage wirken dann noch intensiver und tiefer auf den gesamten Organismus ein und tragen so zu dessen Harmonisierung und Realisierung bei.

Die *„himmlische"* Reiki-Energie verbindet sich mit der *„irdischen"* Energie der Klangschale und sie balancieren sich gegenseitig aus. Die Schwingungen im Körper erhöhen sich durch die *„kosmische Energie"* der Reiki-Meditation, die Schwingungen im Wohnzimmer erhöhen sich durch die *„Erdenergie"* der Klangschalen.

Die Schwingungen und Klänge der Klangschale entspannen Körper und Geist, während die Reiki-Energie wohltuend fließt.

Die Verbindung von Energiefluss und Tiefenentspannung wirken sehr angenehm, vitalisierend und harmonisierend.

Achtsamkeit!

Achtsamkeit heißt den Moment, den Augenblick im Leben
bewusst in sich aufzunehmen.
Dabei geht es nicht um das Denken, Handeln und Streben,
sondern um das einfache Dasein des Eben.

Es geht um die eigene Weisheit,
und ob man zur Annahme und Akzeptanz ist bereit.
Nur dann ist man geneigt
zum Loslassen zu jeder Zeit.

Nicht der Vergangenheit nachtrauern
und auch nicht auf die Zukunft lauern.
Es zählt nur der Augenblick,
der dir die Achtsamkeit für das Leben schickt.

Erst wenn du lernst die Signale des Körpers zu verstehen
werden innere und natürliche Verbindungen entstehen.
Nicht bestimmte Empfindungen gilt es zu beschwören,
sondern einfach aufmerksam das Jetzt zu hören.

Achtsamkeit ist die Zauberkraft,
die das bewusste Leben schafft.
Nur durch die Klarheit und die innere Gelassenheit
sind wir für die vielen kostbaren erlebten Augenblicke bereit.

Ernst-Ulrich Hahmann (2012)

Abkürzungen / Erläuterungen

auditiv	Sinneswahrnehmung von Schall durch Lebewesen
Ajna	wahrnehmen
Anahata	nicht angeschlagen, unbeschädigt
Antagonisten	Gegner, Widersacher, Feind, Gegenspieler
assoziativ	Eine Verknüpfung, Vereinigung, Verbindung, Vernetzung ist assoziativ, wenn die Reihenfolge der Ausführung keine Rolle spielt.
Astralkörper	Eine zweite ovale Hülle die den physischen Körper samt Astralleib umschließt. Dieser existiert nach dem physischen Tod weiter, denn es spielen sich hier die seelischen Dinge ab. So soll der Astralleib auch in der Lage sein den physischen Körper im Traum- oder Trancezustand zu verlassen und auf eine *Astralreise* gehen.
Ätherkörper	Eine Art unsichtbaren Energiekörper, der die gleiche Ausdehnung und Gestalt wie der physische Körper haben soll und mit diesem auch stirb.
Aura	Der Astralkörper strahlt in den verschiedenen Farben. Aus den Farben kann man den psychi-

schen, aber auch physischen Zustand eines Menschen ableiten.

Bioenergie	auch Chi, Prana, kosmische oder Lebensenergie genannt.
Biorhythmus	Eine körperliche Kurve mit einer Periodenzeit von 23 Tagen, eine emotionale Kurve von 28 Tagen und eine geistige Kurve mit 33 Tagen (Dr. Wilhelm Fliess).
bzw.	beziehungsweise
Chakren	Energiezentren, *Energieräder* (Sanskrit) im Ätherkörper. Diese absorbieren die Bioenergie und verteile sie an die Organe weiter. Blockaden im Energiefluss deuten auf Krankheiten oder mentale Probleme hin.
Chakra-Therapie	Harmonisierung und Aktivierung der Chakren durch Aromatherapie, Edelsteine, Klänge, Mantras, Reiki und Meditation.
Chi	Bioenergie (Prana)
empirisch	ist eine methodisch-systematische Sammlung von Daten. Auch die Erkenntnisse aus empirischen Daten werden manchmal kurz Empire genannt.
Feinstofflich	„nicht stoffliche". Energie, die weniger dicht ist als materielle Energie, z.B. die Lebensenergie Chi.

ggf.	gegebenenfalls
GHz	Ein Gigahertz sind eine Milliarde Schwingungen pro Sekunde
Hz	gibt die Anzahl sich wiederholender Vorgänge pro Sekunde in einem periodischen Signal an. Sie wurde 1930 nach dem deutschen Physiker Heinrich herz benannt.
Interferenzen	die Überlagerung zweier oder mehr Wellen der gleichen Frequenz. Es tritt eine Verstärkung oder Abschwächung der Amplitude, je nach Phasenlage auf.
Karma	Prinzip von Ursache und Wirkung. Alle Taten, Gefühle und Gedanken, der früheren und des jetzigen Lebens bestimmen, wie die nächste Wiedergeburt (Reinkarnation) verlaufen wird.
kHz	bei Kilohertz handelt es sich um tausend Schwingungen pro Sekunde.
Konstrukt	ist ein nicht empirisch erkennbarer Sachverhalt innerhalb einer wissenschaftlichen Theorie. Konstrukte sind somit gedanklich bzw. theoretischer Natur. Das bedeutet nicht, dass der betreffende Sachverhalt nicht „existiert", sondern nur, dass er

	aus anderen, messbaren Sachverhalten erschlossen wird.
Longitudinalwelle	auch Längswelle genannt ist eine physikalische Welle, die in Ausbreitungsrichtung schwingt.
Medium	Ein Mensch, der medial verlangt ist und somit hellsichtig sein soll.
Muladhara	Mula = Wurzel, adhara = Stütze
Paranormal	übernatürlich. Beschreibt rational nicht erklärbarer Phänomene, die sich den physikalischen Gesetzen entziehen, wie Hellsichtigkeit, Telepathie und Psychokinese.
Parapsychologie	Wissenschaft zur Erforschung paranormaler Phänomene und außersinnlicher Wahrnehmungen.
Prana	Bioenergie, Chi
Psi	Überbegriff für alle paranormale Fähigkeiten und Phänomene.
Reinkarnation	Wiedergeburt. Jeder Mensch, so glauben die Anhänger, wird unzählige Mal wiedergeboren, auch als Tier, Pflanze, Höllenwesen oder Gott. Durch spirituelles Wachstum könne man sein Karma abtragen und sich schließlich aus dem Kreislauf der Wiedergeburt befreien.
Sahasrara	tausendfältig, tausendfach

Svadhisthana	Süße, Lieblichkeit
Tachyonen	In der theoretischen Physik berechnete Teilchen, die schneller als das Licht sind.
Torsionsschwingungen	auch Drehschwingungen genannt ist eine Form der mechanischen Schwingungen.
Trance	psychischer Zustand, gekennzeichnet durch eine eingeschränkte Aufmerksamkeit, aber hohe Empfänglichkeit für paranormale Erscheinungen.
Transzendent	Alle Bereiche, die über die dreidimensionale, Raum-Zeit-gebundene und mit den normalen Sinnen erfahrbare Realität hinausgehen.
Transmitter	englisch für Sender, Umformer, Übertrager
Transversalwelle	auch Quer-, Schub- oder Scherwelle genannt ist eine physikalische Welle, bei der die Schwingung senkrecht zu ihrer Ausbreitungsrichtung erfolgt.
Vishuddhi	reinigen.

Quellenverzeichnis Bilder

Bild 1   Reiki-Praxis Spirit & Soul,
          www.rei-ibiggi.kilu.de

Bild 2   Frank Arjava Petter „Das Reiki-Feuer"
          Lehr- und Arbeitsbuch über den Ursprung
          der Reiki-Kraft.

Bild 3-5 Wikipedia - Die freie Enzyklopädie.

Bild 6   Reiki-Behandlung, www.myriade 2020.de

Bild 7   Reiki-Informationsseite von Michael
          Bressle, Heilpraktiker, Reiki-Meister /
          Lehrer in der 7. Generation

Bild 8   www.reiki-lichtzentrum

Bild 9   Ernst-Ulrich Hahmann

Bild 10   Ernst-Ulrich Hahmann

Bild 11   Ernst-Ulrich Hahmann

Bild 12   Ernst-Ulrich Hahmann

Bild 13   Ernst-Ulrich Hahmann

Bild 14   Ernst-Ulrich Hahmann

Bild 15   Ernst-Ulrich Hahmann

Bild 16   Ernst-Ulrich Hahmann

Genutzte und weiterführende Literatur

Asbach, Gerda Irini	„Reiki - Heilende Kraft der Hände" *Südwest Verlag* *München 2006*
Breddermannn, Kara	Ausbildung zur Klangschalenmas- sage - Therapeuten *Institut für spirituelles Wachstum* *Herne 2015*
Dahlke, Rüdiger	„Krankheit als Sprache der Seele" Bedeutung und Chance der Krank- heitsbilder *Goldmann Verlag*
Franz, Jürgen H. Prof. Dr.-Ing.	„Philosophie und Technik – Realität und Wirklichkeit" *Projekt WFP Interdisziplinär, WS* *2077/2008*
Hahmann / Knabe	Reiki - Heilende Hände Energiemas- sage für Körper, Geist und Seele Resch Druck Meiningen 2012
Hahmann / Knabe	Es gibt eine wunderbare Kraft … *BoD – Bocks on Demand* *Norderstedt 2015*
Hosak, Mark Lübeck, Walter	„Das große Buch der Reiki-Sym- bole" *Windpferd Verlag*

Huch, Renate	„Mensch, Körper, Krankheit" *URBAN & FISCHER* *6. Auflage*
Jochum, Inka	„Nie wieder erschöpft" Sanfte Übungen zur körperlichen und geistigen Erholung. *Nymphenburger Verlag* *München 2011*
Jung, C.G.	„Der Mensch und seine Symbole" *Walter, Olten Verlag* *Freiburg 1995*
Kluge, Heinz Günter Wendt, Hans-Joachim	„Mensch und Realität" *Buxtehude* *Mai 2007*
Lernke, Ronald	Entspannung pur – Begleitheft zur Klangmassage *Massage-Expert* *Traumzeit-Verlag* *Battweiler-Verlag 2004*
Lindner, David	Praxisbuch - Klangmassage *Traumzeit-Verlag* *Battweiler 2005*
Lübeck, Walter	„Das große Reiki-Heilbuch" *Windpferd Verlagsgesellschaft mbH* *5. Auflage* *Windpferd 2009*

Plate, Frank	Seminare zur Klangschalenmassage und Klangmassage
Petter, Frank Arjava	„Das Reiki-Feuer" Lehr- und Arbeitsbuch über den Ursprung der Reiki-Kraft *Windpferd Verlagsgesellschaft mbH* *Windpferd Juli 2009*
Piel, Barbara Maria	„Reiki-Symbole" *Synergia Verlag 2007*
Serres, Michel Farouki, Nayla	Thesaurus der exakten Wissenschaften *Frankfurt am Main 2007* *(zuerst 1997)*
Simonsohn, Barbara	„Reiki – Sich selbst und andere Behandeln leicht gemacht". *Wilhelm Heyne Verlag* *München 07/2010*
Tolle, Eckhart	„Eine neue Erde. Bewusstseinssprung anstelle von Selbstzerstörung" *Goldmann Verlag* *München 2005*

Reiki-Wikipedia, Die freie Enzyklopädie.

DVD „Reiki and more …" Ein umfassender Leitfaden zu Reiki und Reiki-Techniken (Julia Weitzenegger).
K House Media Film und Video Produktion, www.khousemedia.com

Massage-Expert Portal (2012): Wie die Klangwellen einer Klangschale den Körper fein massieren.
Journal 4. April 2012

Meyers Universallexikon (4 Bände), VEB Bibliografisches Institut, Leipzig 1979

WIKIPEDIA – Die frei Enzyklopädie.

ERNST - ULRICH HAHMANN,
Oberstleutnant a. D.

geb. 1943 in Ellrich am Südharz, lebt in Bad Salzungen, Ausbildung als Dreher, danach Laufbahn eines Artillerieoffiziers. Während der Wendezeit Einsatz als Kreisgeschäftsführer beim DRK Bad Salzungen. Anschließend in hessischen und bayrischen Sicherheitsfirmen in unterschiedlichen Funktionen tätig.

Zwei Mal verheiratet. Verwitwet. Drei Kinder.

Während der Armeezeit Artikel für militär-technische und militär-wissenschaftliche Zeitschriften geschrieben sowie eine Dokumentation über das Leben und Wirken des Arbeiterführers Franz Jacob.

Nach der Wende Fernstudium *„Schule des Großen Schreibens"* an der Axel Andersson Akademie in Hamburg.

Jetzt im Ruhestand. Geht seinen Hobbys nach. Schreibt jeden Tag mindestens eine Stunde und geht regelmäßig ins Fitnessstudio.

Mitglied des Literaturkreises Bad Salzungen.

Veröffentlichungen:
* *Das alte Salzungen - Sagen einer Stadt im Werratal*
* *Die Schnepfenburg - Bad Salzungen*
* *Die Ritter vom Frankenstein*
* *Die Gotteshäuser von Bad Salzungen*
* *Die Ritterburgen im Salzunger Land*
* *Das alte Ellrich - Sagen einer Südharzstadt*

194

- *Die wilde Horde*
- *Mit neunzehn im Kessel von Stalingrad*
- *Der Weg in die Hölle - Stalingrad*
- *Unter der Knute Stalins*
- *Reiki - Heilende Hände (Co-Autor Edelweiß Knabe)*
- *Es gibt eine wunderbare Kraft ... (Co-Autor Edelweiß Knabe)*
- *Lausbuben - Geschichten und Erzählungen aus der Kinderzeit*
- *Buntes Allerlei*
- *Lyrisches - Eine Schubkastensammlung aus Poesie*
- *Weihnachtszeit - Geschichten, Erzählungen, Gedichte - besinnliches zum Fest*
- *Die St. Johanniskirche in Ellrich - Höhen und Tiefen, Licht und Schatten eines evangelischen Gotteshauses*
- *Der Hund - Der beste Freund und Helfer des Menschen*
- *Jörg Seedow - Ein Journalist auf Spurensuche: Band 1 Der Leichenschänder / Band 2 Der Flüchtlinge*
- *Welt der Heimatsagen: Band1 Sagen und Geschichten aus dem Werratal / Band 2 Sagen und Geschichten aus dem Südharz-Vorland*
- *Welf Wesley - Der Weltraumkadett: Band 1 Die Feuertaufe / Band 2 Auf den Spuren der Außerirdischen / Band 3 In Weltall verschollen / Band 4 Zurück zur Erde / Band 5 Flucht in die Unendlichkeit*
- *Todesursache: Vernichtung durch Arbeit: Band 1 Kali-Werra-Revier und das KZ Buchenwald / Band 2 Außenkommandos des KZ Buchenwald im Kali-Werra-Revier / Band 3 Einsatz Kriegsgefangener und Fremdarbeiter im Kali-Werra-Revier/ Band 4 SS-Arbeitslager Erich / Band 5 SS-Arbeitsbrigade IV / Band 6 Die Erinnerung darf nicht sterben*
- *Der Zweite Weltkrieg: Band 1 Im Einsatz als Luftnachrichtenmann - Auf dem Weg in die Hölle Stalingrad /*

195

Band 2 Mit neunzehn Jahren im Kessel von Stalingrad
- Es war die Hölle

Als Ghost Writers geschrieben:
* ❋ *Zwischen 2 Welten - plötzlich ist alles anders (Nahtoderfahrungen eines Betroffenen)*
* ❋ *Traurigkeit*

ERNST-ULRICH HAHMANN / EDELWEISS KNABE

Es gibt eine wunderbare Kraft ...

Es gibt eine wunderbare Kraft ...

Es gibt eine wunderbare Kraft ...

REALITÄT, PHANTASTIK ODER WIRKLICHKEIT

"Der Schlüssel zum Glück!"

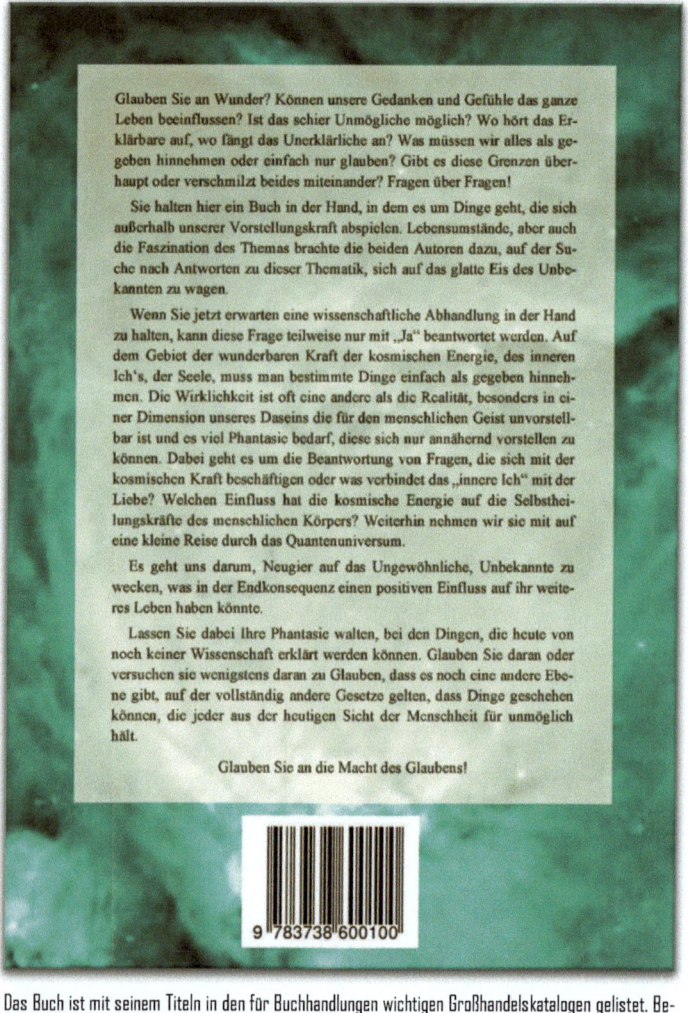

Glauben Sie an Wunder? Können unsere Gedanken und Gefühle das ganze Leben beeinflussen? Ist das schier Unmögliche möglich? Wo hört das Erklärbare auf, wo fängt das Unerklärliche an? Was müssen wir alles als gegeben hinnehmen oder einfach nur glauben? Gibt es diese Grenzen überhaupt oder verschmilzt beides miteinander? Fragen über Fragen!

Sie halten hier ein Buch in der Hand, in dem es um Dinge geht, die sich außerhalb unserer Vorstellungskraft abspielen. Lebensumstände, aber auch die Faszination des Themas brachte die beiden Autoren dazu, auf der Suche nach Antworten zu dieser Thematik, sich auf das glatte Eis des Unbekannten zu wagen.

Wenn Sie jetzt erwarten eine wissenschaftliche Abhandlung in der Hand zu halten, kann diese Frage teilweise nur mit „Ja" beantwortet werden. Auf dem Gebiet der wunderbaren Kraft der kosmischen Energie, des inneren Ich's, der Seele, muss man bestimmte Dinge einfach als gegeben hinnehmen. Die Wirklichkeit ist oft eine andere als die Realität, besonders in einer Dimension unseres Daseins die für den menschlichen Geist unvorstellbar ist und es viel Phantasie bedarf, diese sich nur annähernd vorstellen zu können. Dabei geht es um die Beantwortung von Fragen, die sich mit der kosmischen Kraft beschäftigen oder was verbindet das „innere Ich" mit der Liebe? Welchen Einfluss hat die kosmische Energie auf die Selbstheilungskräfte des menschlichen Körpers? Weiterhin nehmen wir sie mit auf eine kleine Reise durch das Quantenuniversum.

Es geht uns darum, Neugier auf das Ungewöhnliche, Unbekannte zu wecken, was in der Endkonsequenz einen positiven Einfluss auf ihr weiteres Leben haben könnte.

Lassen Sie dabei Ihre Phantasie walten, bei den Dingen, die heute von noch keiner Wissenschaft erklärt werden können. Glauben Sie daran oder versuchen sie wenigstens daran zu Glauben, dass es noch eine andere Ebene gibt, auf der vollständig andere Gesetze gelten, dass Dinge geschehen können, die jeder aus der heutigen Sicht der Menschheit für unmöglich hält.

Glauben Sie an die Macht des Glaubens!

9 783738 600100

Das Buch ist mit seinem Titeln in den für Buchhandlungen wichtigen Großhandelskatalogen gelistet. Bestellungen des Buches mit der ISBN 978-3-738600-10-0 kann über den örtlichen Bucheinzelhandel, aber auch bei über 2.000 Online-Buchhändler erfolgen. Am schnellsten geht es über folgende Link https://www.bod.de/buchshop , hier kann das Buch auch als E-Book erworben werden.